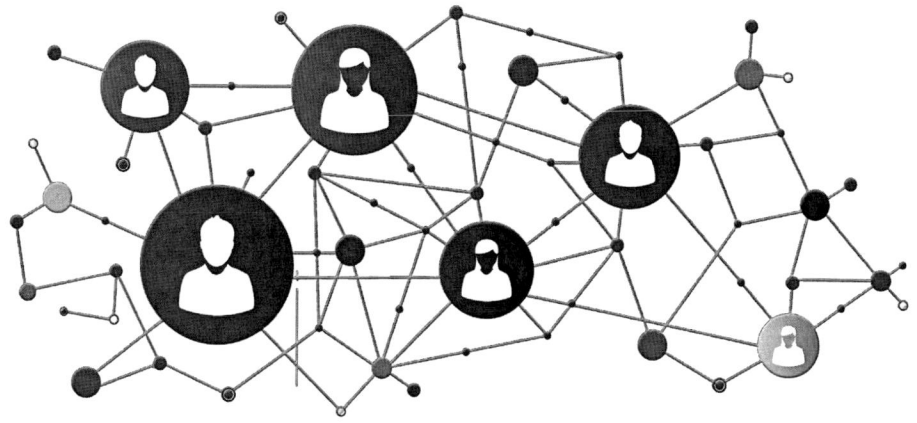

A Arte da Comunicação Através da PNL

Como se destacar no ambiente empresarial

Marco Túlio Rodrigues Costa &
Alexandre Alves de Campos

1ª edição

São Paulo, 2016

Copyright© 2016 by Editora Leader
Todos os direitos da primeira edição são reservados à **Editora Leader**

Diretora de projetos
Andréia Roma

Projeto gráfico e diagramação
Roberta Regato

Capa
DesignCRV - Ilustração: Designed by Freepik

Revisão
Miriam Franco Novaes

Consultora de projetos
Érica Ribeiro Rodrigues

Gerente Comercial
Liliana Araujo Moraes

Impressão
Imprensa da Fé

Dados Internacionais de Catalogação na Publicação (CIP)
(Bibliotecária responsável: Aline Graziele Benitez CRB8/9922)

C874a

1.ed.

Costa, Marco Túlio Rodrigues
    A arte da comunicação através da PNL: como se destacar no ambiente empresarial / Marco Túlio Rodrigues Costa, Alexandre Alves de Campos. – 1.ed. – São Paulo: Leader, 2016.

    ISBN: 978-85-66248-56-2

    1. Programação neurolinguística. I. Campos, Alexandre Alves de. II. Título.

CDD 410

Índice para catálogo sistemático: 1. Programação neurolinguistica 410

EDITORA LEADER
Rua Nuto Santana, 65, 2º andar, sala 3
Cep: 02970-000, Jardim São José, São Paulo - SP
(11) 3991-6136 / andreiaroma@editoraleader.com.br

Agradeço à minha família e a todos os meus alunos, que em mais de dez anos de caminhada ministrando aulas e treinamentos pelo Brasil me motivaram a escrever este livro.

Alexandre, um colega que é um entusiasta da PNL e meu parceiro neste livro, meu muito obrigado. Também minha querida Andréia Roma, que com sua competência na Editora Leader produziu este livro com tanto carinho e atenção.

Marco Túlio Rodrigues Costa

Agradeço à minha família, meu pai Pedro, minha mãe Diva, meus irmãos Alisson e Aline e meu avô Joaquim, que hoje me olha lá do céu. Estas pessoas sempre foram a base de toda minha educação e meus pilares de sustentação.

Quando era adolescente tinha muita dificuldade em me relacionar e sempre uma pergunta vinha em minha mente: "Por que algumas pessoas têm tantos amigos e eu não? Será que tenho algo de errado?" Através da busca pela resposta pude conhecer a PNL, e esta mudou minha perspectiva de vida porque me fez substituir a palavra "errado" por "diferente". Hoje agradeço aquela dificuldade, pois ela se tornou impulso para melhorar, e de todas as experiências de vida que me levaram a escrever este livro, esta foi uma das mais importantes.

Agradeço ao professor Marco Túlio por ter me dado esta oportunidade. Foi uma grande honra poder fazer parte deste projeto com alguém tão competente. Por fim, agradeço a todas as pessoas que me incentivaram quando falei que estava escrevendo um livro, pois saibam, vocês foram o combustível que me manteve determinado em cada página.

Alexandre Alves de Campos

Índice

Prefácio 6

Introdução 8

Capítulo 1
O que é Programação Neurolinguística 11

Capítulo 2
Pressupostos da PNL 25

Capítulo 3
Crenças 41

Capítulo 4
Rapport 53

Capítulo 5
Comunicação 65

Capítulo 6
Persuasão 79

Capítulo 7
Linguagem Hipnótica 93

Capítulo 8
Resolução de Conflitos 109

Capítulo 9
Âncoras - Imagem que transmitimos 123

Referências Bibliográficas 130

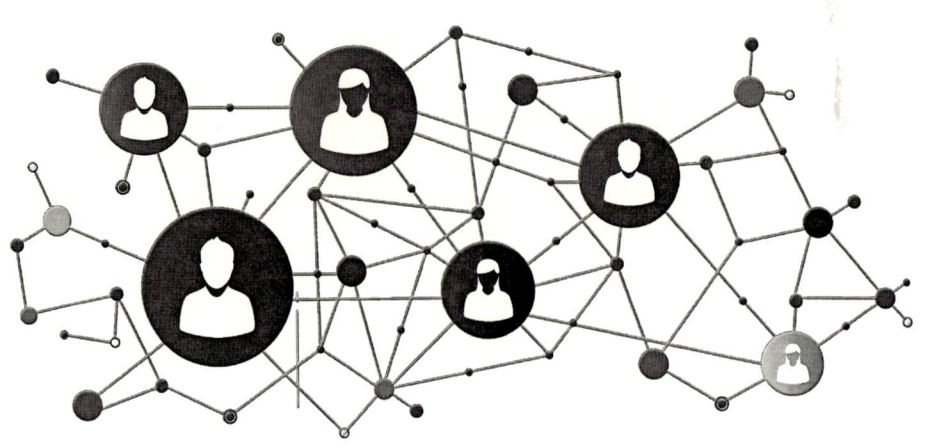

Prefácio

Foram tantas portas e janelas que se abriram depois que comecei a estudar PNL (Programação Neurolinguística)! Isso me permitiu descobrir um novo mundo dentro do próprio mundo. A cada leitura, um novo aprendizado, a cada conversa, uma nova oportunidade de colocar em prática o que se aprende.

Pode não ser novidade para você, mas reforço que um dos fatores mais importantes para o crescimento pessoal e profissional é a comunicação. Não importa se você faz o café ou toma as decisões da empresa, seu trabalho está interligado e dependente de outras pessoas. Você pode até não dar a devida atenção, mas saiba, isso pode ser o fator principal entre o seu fracasso ou o seu sucesso.

Você pode estar pensando "claro que sei me comunicar", mas você saberia dizer qual a melhor maneira de se comunicar com uma pessoa agitada? Saberia mudar o discurso de acordo com o ambiente? Saberia dizer o que uma pessoa "diz" apenas por observar seus olhos? Existem diversos tipos de pessoas e para cada uma delas existe uma forma mais adequada de se comunicar. A comunicação empobrecida tem causado inúmeros problemas no ambiente corporativo, pois não adianta ter a melhor máquina do mundo se você não consegue ensinar o operador a apertar o botão.

Lembra-se de Adolf Hitler e como sua forte comunicação foi uma ferramenta poderosa para mobilizar milhares de pessoas à guerra? Ou como Martin Luther King Jr. discursava e lutava a favor dos direitos civis para os negros? Ambos conseguiram mover multidões apenas com o poder da oratória, então lhe pergunto: consegue imaginar o que poderia fazer se melhorasse sua comunicação?

Tenho certeza de que irá se surpreender com este livro e que depois da leitura terá uma nova visão de mundo. Se o seu objetivo é crescer na carreira, ser destaque na empresa, ter uma vida mais equilibrada e feliz, então, as ferramentas e técnicas que aprenderá neste livro são para você.

Alexandre Alves de Campos

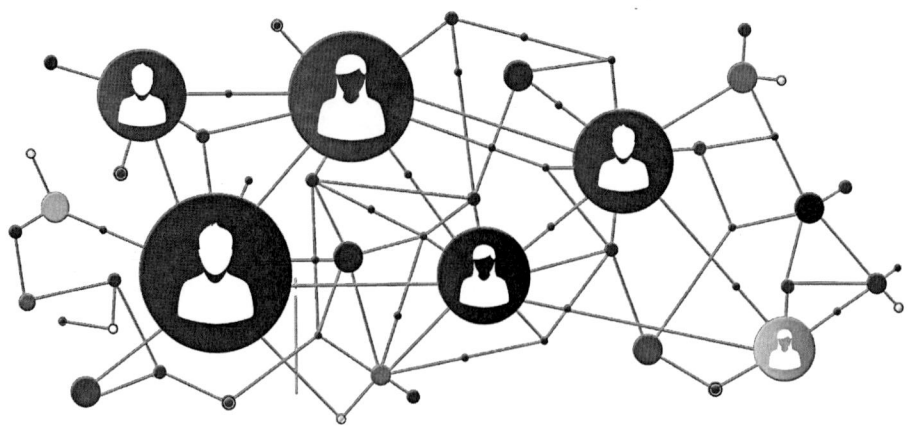

Introdução

Bem-vindos leitores que neste momento acessam este livro. Como praticante, Master Practitioner e Trainer em PNL, dou as boas-vindas a este mundo tão fantástico da Programação Neurolinguística.

Muito se tem falado e escrito sobre PNL e neste livro eu e o Alexandre Campos, que já foi meu aluno e hoje é um grande divulgador da PNL e entusiasta do tema, abordamos a arte da comunicação através da PNL. Costumo dizer que nesta minha jornada como professor e treinador encontrei diversos alunos brilhantes, mas, o brilho nos olhos do Alexandre ao falar sobre PNL é o que nos impulsionou na parceria deste livro.

Durante a leitura, você conhecerá mais sobre a história da PNL e, através de uma abordagem simples e ao mesmo tempo relevante, trazemos para você, leitor, ferramentas de imediata aplicação na sua vida pessoal e profissional.

A PNL é uma modificação do nosso software mental, possibilitando às pessoas um enfoque revolucionário de comunicação com elas mesmas e com as outras pessoas. Antes de mais nada, é importante amar e gostar de ajudar pessoas sendo um praticante de PNL. Neste contexto, a PNL te possibilita um maior autoconhecimento e amar mais a você mesmo como a joia mais preciosa deste universo.

Como engenheiro de formação, no início da minha carreira em 1995, não fazia ideia de como a PNL entraria na minha vida. Já tinha lido alguns artigos sobre o tema, mas, nada me chamava muita atenção. Fui ensinado na faculdade a lidar com processos e nesta época entendia que gestão de pessoas era coisa para outros profissionais. Aí começam as surpresas da vida: em 1998, fui convidado a assumir um cargo de gestão e comecei a descobrir que o grande diferencial de um gestor é saber lidar com gente. Comecei a ler e estudar sobre liderança, comunicação, porém, ainda assim, o "bichinho" da PNL não tinha me pegado. Foi quando em 2001, através de uma dor, descobri o real sentido da PNL. Nessa época, com 31 anos, viajava a trabalho frequentemente pelo Brasil e pelo mundo e exagerava muito no meu ritmo. Desenvolvi uma crise de pânico e fui tratado com antidepressivos e calmantes. Continuava a viajar, doses cavalares de remédios e longe de uma cura do ser.

Lembro-me como se fosse hoje de um dia em que estava voltando para Belo Horizonte e o voo saindo do aeroporto Santos Dummont no Rio de Janeiro com atraso de três horas. Sentado na sala de embarque comecei a ler com atenção alguns textos que um amigo tinha me emprestado sobre PNL. Em um desses textos, comecei a entender o poder que a mente exerce no corpo, a entender como representamos a realidade através das submodalidades e neste momento foi como se acendesse em mim uma luz que me indicava ser a PNL um caminho de transformação.

Desde 2001 me dedico ao estudo da PNL e consegui superar a crise de pânico com técnicas simples e muito eficazes. A simplicidade e a eficácia da PNL me encantaram e hoje me sinto honrado em poder divulgar neste livro um pouco do que é esta metodologia que nos ensina que a verdadeira reengenharia começa dentro de nós.

A felicidade está dentro de nós e não fora. Permita-se, leitor, uma modificação de software mental através deste livro!

Boa leitura!

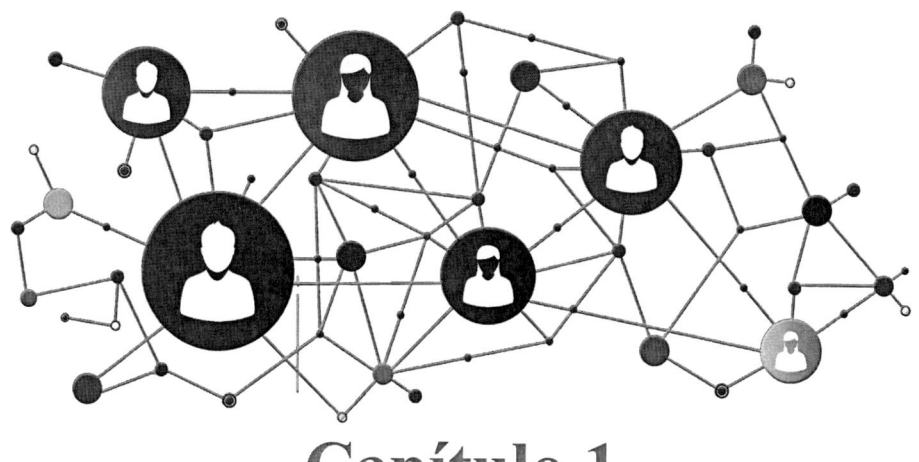

Capítulo 1

O que é Programação Neurolinguística

O segredo do sucesso das empresas não está em renovar inteiramente a estrutura da organização, mas sim, em reprogramar de dentro para fora sua forma de pensar e suas atitudes. A Programação Neurolinguística, mais conhecida como PNL, surgiu na década de 70, tendo como precursores Richard Bandler e John Grinder, e nos permite reprogramar nossa maneira de pensar.

Bandler estudava matemática na universidade da Califórnia, em Santa Cruz, porém ele dedicava a maior parte do tempo a estudar computação. Mais tarde resolveu estudar Psicologia, inspirado por um amigo de família que conhecia vários terapeutas em destaque na época. Ele descobriu, após acompanhar mais detalhadamente o trabalho de alguns destes terapeutas, que copiando e reproduzindo seus padrões de comportamento era possível conseguir resultados positivos mesmo sem possuir uma qualificação como terapeuta. Também foi constatado que a mudança poderia ser gerada de forma rápida.

Grinder era professor de Linguística e possuía grandes habilidades. Seu interesse em Psicologia estava alinhado com o pressuposto básico da sua área de atuação, o de revelar o caminho oculto percorrido entre o pensamento e a ação.

Ambos tinham conhecimento em Psicologia, Linguística, Neurologia, dentre outros assuntos relacionados ao comportamento humano. Bandler com seu conhecimento em computação e experiência em copiar padrões de comportamento e Grinder com suas habilidades linguísticas decidiram fazer uma parceria para desenvolverem uma estratégia que pudesse resultar em mudanças.

O nome Programação Neurolinguística é derivado de três partes: a Programação (computação por parte de Bandler), que seria uma espécie de software mental, a maneira como organizamos nossos pensamentos e ações para a produção de resultados. A Linguística (por parte de Grinder) referindo-se à linguagem para estruturarmos nosso comportamento e comunicação com as pessoas. Neuro é referente à parte cerebral, podemos dizer que é o hardware que irá "rodar" o programa e permitir que a linguagem funcione, respondendo aos nossos processos neurológicos e como representamos o mundo através dos cinco sentidos.

O mecanismo primário de perceber o mundo são os nossos sentidos. Ao elaborar a representação final de um evento, o cérebro sofre a influência do estilo de percepção do indivíduo e privilegia um dos canais - visual, auditivo, cinestésico, olfativo ou gustativo.

O grande diferencial dos criadores da PNL em face de outros estudiosos de Psicologia da época foi a busca pela essência da mudança. Eles perceberam que pessoas com traumas, fobias, dentre outras dificuldades, relatavam seus problemas como se estivessem vivenciando naquele mesmo instante a situação. Já aquelas que haviam superado relatavam como se a experiência tivesse ocorrido com outra pessoa. Essa descoberta simples e ao mesmo tempo profunda indicava que a maneira como pensamos sobre a situação influencia na forma como vamos reagir, tornando-se um importante conceito para a PNL.

Bandler e Grinder estudaram diversos profissionais que eram capazes de gerar mudanças significativas em seus clientes para tentar descobrir quais eram as estratégias. Esse método usado por eles foi destacado como "modelagem". Se alguém pode fazer determinado trabalho e conseguir resultados satisfatórios, então basta conhecer o "como" fazem para que outra pessoa também possa fazer.

Essa ideia foi a base para uma investigação detalhada de três grandes nomes em geração de mudanças no comportamento humano: o psiquiatra alemão Fritz Perls, criador da Gestalt-Terapia, a terapeuta Virginia Satir, considerada uma das figuras mais importantes em métodos de terapia familiar, e Milton H. Erickson, reconhecido como o maior hipnotizador do mundo.

Dentre as várias definições de PNL, podemos resumir as seguintes:
- Manual de uso do cérebro.
- Um enfoque revolucionário de comunicação.
- Neurologia, comunicação e comportamento.
- Modificação da versão de software mental.
- Mudar o que a pessoa sente através de palavras.
- Dar às pessoas maior controle sobre sua mente.
- Uma metodologia que ajuda os indivíduos a serem mais competentes no que fazem.

O QUE PODEMOS OBTER ATRAVÉS DA PNL

A PNL é uma ferramenta que fornece direções para conhecermos como nosso cérebro e corpo interagem, já que uma de suas pressuposições é a de que todo comportamento possui uma estrutura. Conhecendo como é formada a estrutura, é possível encontrar meios de fazê-la funcionar melhor para alcançar os resultados desejados. PNL é o nosso manual particular para entendermos porque fazemos o que fazemos.

No campo empresarial, podemos citar alguns benefícios da PNL:
- Otimizar a comunicação entre os membros de uma empresa
- Fixar objetivos com êxito
- Assumir uma posição de liderança de maneira consciente
- Modificar crenças limitantes
- Permitir uma reengenharia do profissional

Hoje podemos encontrar PNL aplicada nas áreas da educação, do esporte, da comunicação, nos relacionamentos, no meio empresarial etc.

Ainda não há um limite para o uso da PNL, pois ela pode ser adaptada ao ambiente em que estamos inseridos e ser direcionada para uma determinada necessidade, como, por exemplo, otimizar a produtividade nos estudos.

Caso não goste do que está conseguindo atualmente, pode "instalar" um novo software para obter novos resultados, se aprendeu a ser pessimista, pode aprender a ser otimista. Não existem coincidências, tudo é uma consequência.

Posso citar uma história em que dois amigos estão no ônibus e de repente uma pedra é atirada de fora e atinge um deles. O primeiro sujeito que não foi atingido diz: "Não temos sorte mesmo, estamos atrasados para o trabalho e ainda acontece isso". O segundo sujeito, com um sorriso no rosto, diz: "Sorte que consegui cabecear a pedra e salvar aquela velhinha que está do nosso lado, sou um herói". A maneira como você interpreta a situação é decorrente da sua estrutura interna, e esta determinará qual será a reação gerada.

Como já dissemos, as informações externas que recebemos são absorvidas através dos nossos cinco sentidos: visual, auditivo, cinestésico, olfativo e gustativo, que são nossos canais, uma espécie de "antena de captação". Todas as pessoas possuem um canal preferencial, mas isso não quer dizer que seja assim para sempre, ele pode mudar de acordo com a necessidade do momento. Também o que externalizamos por meio da linguagem será através de um destes canais. A seguir vamos destacar os três canais que causam maior influência em nossa comunicação: o visual, o auditivo e o cinestésico.

Uma pessoa com o canal preferencial visual consegue perceber mais as imagens, cores, claridade, brilho etc. Ela também usará mais palavras como imaginar, visualizar, ver, ilustrar, observar etc. Por exemplo: "Não consigo VER o que está acontecendo". Trocam de imagens rapidamente no cérebro. Por esta rapidez, muitas vezes parecem que não terminam os pensamentos, porque em sua cabeça apareceu uma nova imagem - são pessoas rápidas e impacientes.

Uma pessoa com o canal preferencial auditivo consegue perceber mais sons, ruídos, pronúncia, tom de voz etc. Ela usará mais palavras como dizer, discutir, silêncio, contar, comentar etc. Por exemplo: "Não consigo OUVIR o que está acontecendo". São pessoas sequenciais. Gostam de terminar um assunto para tratar do outro depois. Trabalham com uma ideia de cada vez, e às vezes podem parecer mais lentas. Alguns repetem em voz baixa o que acabaram de ouvir.

Uma pessoa com o canal preferencial cinestésico consegue perceber mais sensações e contato físico, toques, frio, calor etc. Ela usará mais palavras como sentir, empurrar, tocar, pegar etc. Por exemplo: "Não consigo SENTIR o que está acontecendo". Você deve criar confiança com eles. Quando compram algo, contemplam a suavidade e a beleza das formas do produto. Pessoas com respiração profunda, tom profundo de voz, falam devagar.

Quando apresentamos uma ideia, o sucesso ou fracasso na compreensão está ligado ao nosso canal de saída e ao canal de captação da outra pessoa. Por exemplo, alguém pode dizer "você consegue SENTIR aonde isso vai chegar?" e a outra responder "não consigo VER o que isso significa". A primeira pessoa comunica através do canal cinestésico e pede para a outra SENTIR, porém, ela não consegue sentir, ela precisa VER a situação. Se a comunicação não está sendo bem-sucedida, a culpa não é do outro, mas sim do comunicador, que não tem habilidade suficiente para transmiti-la.

A seguir, apresentamos uma tabela que ajudará o leitor a compreender melhor palavras visuais, auditivas, cinestésicas e inespecíficas.

Cabe ressaltar que não estamos aqui esgotando todo o vocabulário, apenas munindo o leitor de maiores possibilidades para construção de uma comunicação mais adequada.

VISUAL	AUDITIVO	CINESTÉSICO	INESPECÍFICO
À luz de	Afirmar	Agradável	Acreditar
A olho nu	Agudo/Grave	Amargo	Apreciar
Ângulo	Alarme	Apertado	Aprendizagem
Apagar	Amplificar	Ativo	Associar
Aparência	Anunciar	Cansaço	Aumentar
Aspecto	Barulho	Choque	Comunicação
Brilho	Boato	Cócegas	Conhecer
Claro	Chamar	Concreto	Consideração
Cor	Click	Controle	Decidir
Delinear	Comentário	Emocional	Diferente
Deu um branco	Conversa fiada	Esforço	Entender
Enxergar	Cochicho	Exagerado	Entregar
Espiar	Declarar	Fácil	Escolher
Evidência	Deletar	Firme	Estudar
Fazer uma cena	Descrever	Fresco	Experimentar
Flash	Discurso	Frio/Quente	Falso
Foco	Discutir	Gostoso	Favorecer
Gráfico	Dizer	Ímpeto	Igualar
Horizonte	Estática	Irritado	Informar
Ilusão	Estrondoso	Machucado	Lembrar

Bandler e Grinder também se basearam em pesquisas sobre os processos neurológicos para criar um novo modelo de investigação sobre a linguagem. Eles descobriram que a posição dos olhos nos indica qual é a parte cerebral que está sendo ativada, que se tornou outra forma de descobrir qual é o nosso canal preferencial. Além disso, foi possível saber quando estamos analisando a situação, dialogando internamente e recordando ou criando a experiência relatada.

Importante destacar que os estudos foram baseados em pessoas destras e os resultados podem ser invertidos em pessoas canhotas. Imagine que está de frente para uma pessoa, a maneira como ela movimenta os olhos indica boa parte da mensagem que irá ser transmitida.

Olhos para cima indicam nosso canal visual. Quando a pessoa olha para a esquerda corresponde a uma imagem lembrada, quando olha para a direita corresponde a imagens construídas.

Olhos na altura das orelhas indicam nosso canal auditivo. Quando estão para a esquerda correspondem a sons lembrados, quando estão para a direita correspondem a sons construídos. Quando os olhos estão na altura das orelhas e fixos para frente em uma postura estática indicam que estão analisando a situação, como se estivessem ouvindo tudo que aconteceu para chegar à conclusão.

Olhos para baixo indicam canal cinestésico e nosso diálogo interno. Quando a pessoa olha para a direita indica que está sentindo. Quando para a esquerda, indica que existe um diálogo interno, aquele período de silêncio e discussão interna com nós mesmos. Nesse momento é melhor ficar em silêncio e dar tempo para que a pessoa possa terminar sua conversa interna, pois mesmo que você continue o diálogo ela não o estará ouvindo. Lembre-se, a pessoa estará conversando com ela mesma.

Caso fique em dúvidas para descobrir qual lado a pessoa lembra e qual ela cria, faça um pequeno teste lhe perguntando algo que a faça lembrar e criar, como por exemplo: "Qual era a cor da sua casa na infância?" e observe para onde seus olhos seguem. Depois, "como seria um elefante vermelho fazendo pastel na feira"? Observe para onde seus olhos seguem. Isso irá fazê-la lembrar e criar uma imagem mental e você conseguirá determinar os lados corretamente.

VC = Visual Construtivo
AC = Auditivo Construtivo
C = Cinestésico

VR = Visual Recordado
AR = Auditivo Recordado
DI = Diálogo Interno

Nós nos comunicamos pelos olhos, como acabamos de aprender, pela linguagem, pelo corpo e alguns estudos revelaram que a maior parte da nossa comunicação é não verbal, ou seja, existem diversas mensagens sendo emitidas através da linguagem corporal, tom de voz, respiração etc. Você acredita em alguém que informa estar feliz e se mantém cabisbaixo, corpo caído, voz trêmula, que no geral não apresenta a energia de uma pessoa feliz? As palavras dizem uma coisa e o corpo diz o oposto, por isso, quanto mais percepção sobre estes detalhes houver, maior será a capacidade de entender o outro.

Devemos aprender que não existem pessoas incapazes de aprender, mas sim pessoas sem habilidade suficiente para conseguir transmitir a mensagem de uma maneira que o ouvinte possa entender. A qualidade de comunicação que recebemos é decorrente da capacidade que temos de transmiti-la.

Tudo o que acontece ao nosso redor é absorvido e enviado diretamente para o cérebro, estas informações serão registradas e armazenadas no consciente e inconsciente. Então, se já temos registrado como é uma determinada situação, construímos um pré-julgamento da mesma que serve de base para avaliarmos situações semelhantes e chegar a uma conclusão mais rapidamente. Importante destacar que nosso cérebro não fará distinção entre o que é considerado bom ou ruim, ele apenas irá registrar a informação.

Um ponto positivo é que economizamos energia e tempo quando podemos "prever" como serão os acontecimentos seguintes. O ponto negativo é pré-julgarmos situações semelhantes e definirmos que todas terão os mesmos resultados, bloqueando nosso aprendizado e omitindo outras ocasiões em que tudo foi diferente, ou seja, podemos dizer "isso é sempre assim" e na realidade não é.

Não somos capazes de absorver todas as informações que recebemos e o que transmitimos passa por filtros chamados de distorção, eliminação e generalização. A distorção é quando a realidade é de uma forma e distorcemos dizendo que é de outra, por exemplo, "houve um acidente na rodovia só porque estou atrasado para o trabalho". Este acidente não tem relação com o fato de estar atrasado e mesmo assim você cria uma associação entre elas para justificar o ocorrido. A eliminação está voltada para a omissão dos fatos, pois, como dissemos, não podemos absorver todas as informações que existem ao nosso redor. Por exemplo, em uma sala de aula você a define como "quase vazia", porém, existem mais 15 pessoas que não percebeu devido a seu campo de visão limitado. A generalização é referente à forma como padronizamos situações semelhantes. Por exemplo, você foi mal atendido por um garçom e teve uma experiência ruim, em seguida pode formar a ideia de que todos os garçons daquele ambiente são ruins.

Nossa realidade não é o que realmente existe ao nosso redor, mas, sim, aquilo que conseguimos perceber ser verdadeiro.

É muito arriscado dizer que uma pessoa está errada, pois no mundo dela aquilo é certo. Consegue imaginar alguém que durante 30 anos aprendeu que colocar feijão por cima do arroz é a verdade e você dizer que é o arroz que deve ser colocado por cima? Então, antes de julgarmos uma situação, primeiro precisamos entender que não há certo ou errado, mas, sim, o "diferente" do meu mundo particular. Respeitando este princípio, evitaremos discussões e desperdício de energia com tentativas inúteis de convencer alguém de que meu mundo é o correto e não o dela.

A estrutura pode ser construída com apenas uma experiência e influenciar seu comportamento pelo resto da vida, por exemplo, alguém que sofreu um assalto em determinada rua e horário registra e armazena esta experiência e faz conexão entre local, horário e assalto, logo após forma uma estrutura que lhe conduz a evitar aquela rua porque lá será assaltada. Outra pessoa passa por este mesmo local e horário tranquilamente e não teme nada daquilo, então, como isso é possível? Mesmo local e situações diferentes? Sim, por terem estruturas internas diferentes, elas geram interpretações e reações diferentes.

Com a PNL podemos identificar a estrutura e através de técnicas ajustarmos para que a mudança possa ser atingida. Tanto podemos usar em nós mesmos quanto em outras pessoas. Você não tem total controle das coisas externas que poderão ocorrer, mas pode conseguir o controle, ou ao menos desenvolver ainda a capacidade de reagir diferente após conhecer como seu cérebro e sua linguagem funcionam.

O processo de mudança pode ser dificultado quando há resistência no processo de mudar. Esta dificuldade pode ser inconsciente e nem mesmo se saber o motivo. Por exemplo, uma pessoa não faz poupança porque aprendeu que acumular dinheiro é errado, mas ao mesmo tempo precisa de uma reserva para a entrada de um apartamento. Inconscientemente está formada a ideia de que acumular dinheiro não é correto, e mesmo que ela consiga poupar algum, seu cérebro irá encontrar uma maneira de sabotá-lo porque sua programação está voltada para não acumular dinheiro.

Se cada pessoa tem uma estrutura particular para aprender, ensinar, se comportar, pensar, organizar as ideias etc., quanto mais conhecermos como funcionam, melhor será a comunicação com elas. Saberemos como encontrar o ponto de acesso para um relacionamento melhor. Você pode ser motivado por novos desafios e querer motivar alguém através da expectativa de conhecer o mundo lá fora. No entanto, a outra pessoa pode ter como motivação a estabilidade do seu lar e sair da sua zona de conforto representa algo muito doloroso. Ambas são motivadas, porém de formas diferentes.

Um líder sem sensibilidade para reconhecer as diferenças pode ocasionar impacto negativo nos resultados. A maneira como a liderança é conduzida pode fazer a equipe lutar a favor ou contra o líder. Em contrapartida, os liderados também precisam entender uns aos outros para aumentar a sincronia da equipe, maximizar os resultados e bem-estar no ambiente de trabalho.

Por exemplo, um colega disse uma vez que sua funcionária não queria crescer na empresa. Quando perguntei se ele havia esclarecido sobre oportunidades de crescimento sua resposta foi: "Não, mas ela já deveria saber". Então perguntei como ela deveria saber disso se ninguém tinha informado e ele não me respondeu. Alguns dias depois soube que sua funcionária se desligou da empresa e foi procurar um local onde pudesse crescer.

O caso acima mostra como é importante transmitirmos a mensagem de uma forma clara ao invés de "acharmos" que o outro entendeu ou "deveria" saber. Alguns podem concordar com o gerente, porém, a única maneira de ela saber da oportunidade seria através de adivinhação de pensamento.

Conseguem imaginar quantas possibilidades de aumento de produtividade poderiam ocorrer caso as pessoas de um grupo pudessem compreender melhor umas às outras no ambiente corporativo?

Essas estratégias valem tanto para o líder quanto para o liderado, ambos serão beneficiados e inegavelmente terão maior destaque em seus postos de trabalho. Não podemos esquecer de que vivemos em uma sociedade, ter habilidades nos relacionamentos faz uma grande diferença em qualquer momento da vida. O nível de habilidade social é associado ao tempo, energia e dinheiro que gastamos para conseguir alguma coisa, pois entre você e seu objetivo haverá dezenas de pessoas no caminho.

Habilidade e flexibilidade na comunicação é um forte aliado para o sucesso, não importa se está discutindo a lista de compras com a esposa ou se está em uma reunião para a criação de um novo projeto, a comunicação eficiente sempre acarretará benefícios.

Uma vez uma colega de trabalho recebeu instruções para efetuar as tarefas de outra pessoa que entraria em período de férias. As tarefas foram passadas de maneira autoritária e interpretadas como grosseria. A partir deste ponto, a comunicação foi afetada e o relacionamento entre as duas pessoas ficou conturbado por muito tempo. Isso ficava ainda mais evidente quando estavam próximas, ambas ficavam rígidas, tensas e seus corpos indicavam sinais de desconforto.

Este é mais um exemplo de como devemos tomar cuidado e prestar atenção em nossas ações. Qualquer detalhe pode causar uma grande diferença no ambiente em que vivemos, a exemplo do caso citado, 30 segundos em um primeiro momento acarretaram várias semanas de relacionamento conturbado.

O trabalho afeta a vida pessoal, os problemas enfrentados alteram o estado emocional e o estresse não acaba após encerrar o expediente. Ele se prolonga por determinado tempo e, mesmo o corpo estando em casa, a mente ainda está no trabalho. Como será possível dar atenção aos filhos, esposa, família, se ainda está trabalhando mentalmente? Existem pessoas que se divorciaram porque não conseguiam se "desligar" do trabalho, e ao invés de levar amor para a família levavam as energias negativas acumuladas durante o dia. A vida pessoal também afeta o trabalho, se temos problemas em casa e não conseguimos esquecer durante o trabalho, pode-se diminuir o desempenho e ter consequências graves, como perder o emprego. Este "desligar" dos problemas, que mencionamos anteriormente, não é sinônimo de deixar de lado, mas sim de resolvê-los de uma forma que não seja prejudicial à saúde e aos relacionamentos.

Um grande desafio é conciliar trabalho e vida pessoal, quanto menos carga negativa acumular melhor será o desempenho no trabalho, nos relacionamentos, terá mais saúde e uma vida mais feliz. Aprender a reagir de forma diferente é importante neste caso, pois o tamanho de uma situação é derivado do tamanho que a percebe ser. Por que não usar o bom humor ao invés do estresse para lidar com um problema? É possível termos uma vida mais equilibrada, mas, para isso, o primeiro passo é mudarmos internamente.

Nos próximos capítulos vamos abordar alguns pontos que mostrarão como aumentar a habilidade de comunicação, bem como minimizar nossas limitações. Nosso cérebro é algo muito complexo e até o momento não sabemos ao certo como funciona. No entanto, estamos descobrindo aos poucos como essa fantástica máquina pode produzir resultados extraordinários quando o guiamos de maneira correta. Todos os recursos necessários para mudar já estão conosco, basta aprendermos como utilizá-los. Fazendo uma analogia, seria como possuir o carro mais sofisticado do mundo e usá-lo apenas para ir até a padaria que fica a duas quadras de sua casa. O limite do seu sucesso é imposto por você mesmo e ele chegará até onde você acreditar ser possível.

Exercícios de fixação:

1- Um diretor da sua empresa tem um canal predominantemente visual. Explique como se comunicar de forma assertiva com este diretor.

2- Com base no que estudamos neste capítulo, cite ao menos cinco aplicações da PNL na empresa onde atua.

3- Em uma determinada negociação, percebemos que o interlocutor mantém os olhos para baixo quando explicamos alguma coisa. Você continuaria sua explicação ou não? Justifique sua resposta.

4- Explique como determinamos em certa situação se a pessoa é mais visual, auditiva ou cinestésica.

5- Não somos capazes de absorver todas as informações que recebemos e o que transmitimos passa por filtros. Quais são estes filtros? Cite exemplos de cada um deles.

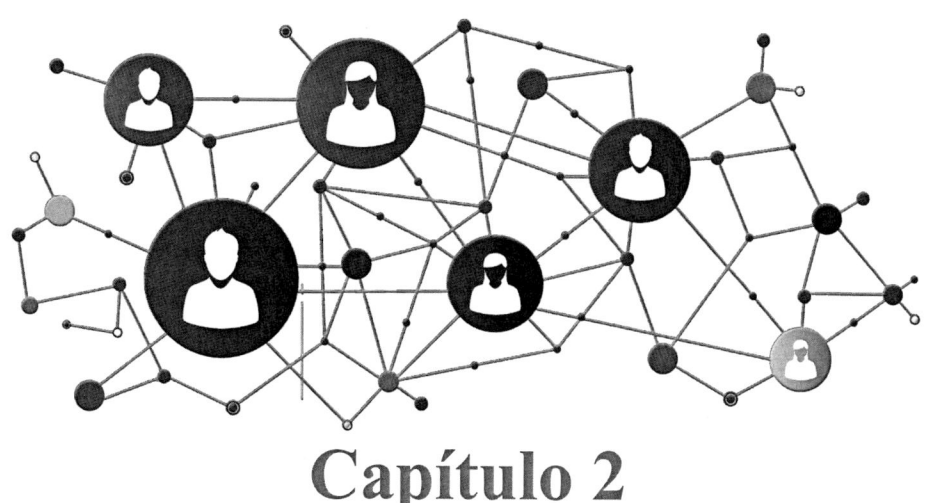

Capítulo 2

Pressupostos da PNL

A PNL possui alguns princípios básicos, ou melhor, pilares de sustentação para um pensamento mais aberto. Assim como um capitão em seu barco possui uma bússola que o orienta durante o trajeto, estes princípios também nos orientam para compreendermos por onde estamos caminhando.

Nossa compreensão de mundo é limitada, primeiro por termos "filtros" chamados de distorções, eliminações e generalizações, conforme explicado no capítulo anterior. Segundo, porque temos três limitadores universais envolvidos: o neurológico, o social e o psicológico.

Limitação neurológica se refere aos nossos cinco sentidos. Por exemplo, não podemos ouvir tanto quanto um cachorro ou ver tanto quanto uma águia. O cérebro da maioria dos seres humanos também só consegue perceber conscientemente dentre cinco e nove coisas ao seu redor ao mesmo tempo. Faça um teste: olhe algo novo e somente uma vez, depois tente anotar de quantos detalhes se lembra. Mesmo que existam dezenas de detalhes, você só conseguirá se lembrar de alguns.

Limitação social corresponde a nossa cultura, o meio em que vivemos. Podemos conhecer tudo da nossa cultura, porém, nada além desta. Baseamos nossa compreensão no idioma, nas regras, nas leis, nos costumes etc., no entanto, nosso meio social é apenas um dentre vários outros. O que consideramos correto aqui pode ter um significado diferente em outra sociedade, e mesmo a conhecendo poderemos ter uma interpretação distorcida. Por exemplo, no Ocidente deixar alguém entrar primeiro em um estabelecimento é um ato de educação, já no Oriente Médio, quem entra por último pode ser considerado o indivíduo com mais poder.

Limitação psicológica é referente ao indivíduo. Contém todas as experiências que somou durante a vida e estas moldaram sua forma de pensar e agir, sendo assim, seu entendimento de mundo é baseado em suas referências internas e o significado que deu a elas. Por exemplo, muitos anos atrás, propagandas de cigarro eram muito mais chamativas que nos dias de hoje. Muitos jovens aprenderam que o cigarro era sinônimo de poder, status, sucesso etc. Com base nessa experiência alguns passaram a consumi-lo e continuam até agora. Hoje em dia esse tema tem uma nova forma de abordagem e vemos muitas campanhas contra o tabagismo. As pessoas que aprenderam dessa forma consideram o cigarro algo negativo e isso os impede de consumi-lo. Temos o mesmo tema, porém, cada um com um significado psicológico diferente.

O comportamento será decorrente da forma como iremos expressar nossa percepção de mundo.

Os pressupostos da PNL norteiam nossas ações como uma espécie de guia para não nos desviarmos do objetivo. Conhecer os pressupostos, nosso entendimento de como o corpo, a linguagem e o cérebro funcionam, nos permite ser mais flexíveis com as pessoas ao nosso redor. Após ler sobre os pressupostos, você poderá entender porque julgamos alguém como certo ou errado mesmo sem o conhecer, da mesma forma, passará a ser mais cauteloso quando rotular alguém desta maneira, pois sua mente estará mais aberta para novas ideias.

PRIMEIRO PRESSUPOSTO: O MAPA NÃO É O TERRITÓRIO

Quando falamos em "mapa" nos referimos à forma como enxergamos determinada situação que vivenciamos, porém, esse mapa não corresponde a tudo o que nele existe. Por exemplo, quando estamos dirigindo e usando o GPS para nos mostrar a direção, conseguimos ver as ruas, o trajeto, a cidade, mas não em sua forma completa, porque a imagem que vemos na tela é apenas a representação superficial do que realmente é.

Quando falamos em "território" nos referimos a um conhecimento mais profundo daquele mapa que o GPS mostra. Por exemplo, estamos dirigindo e seguindo a orientação do GPS, porém, ao olharmos ao redor, é possível perceber coisas muito diferentes do que se passa na tela. Conseguimos ver a altura dos prédios, as cores da paisagem, as pessoas que circulam, ouvir os sons dos outros veículos, sentir os cheiros etc.

O mapa é a representação resumida. Por exemplo, você vê a foto de uma parede e consegue dizer qual é a cor, mas, além disso, também existe a textura, a temperatura, a espessura, se é de madeira ou de tijolos etc., e isso sim é o que corresponde ao território. Basicamente, é dizer que existe muito mais do que os olhos possam ver.

Então, se não conseguimos perceber tudo o que envolve nossa experiência, também não vamos conseguir expressá-la de forma completa. Quando alguém comentar sobre algo, certamente, sua descrição do ocorrido será apenas superficial.

Não conseguimos absorver a experiência por completo para saber os detalhes profundos, mas, mesmo assim, nos forçaremos a construir o significado. Para preencher as lacunas vamos nos basear em acontecimentos passados, pois precisamos "entender" o que se passa. Este é o motivo de o mapa não ser o território, pois, quando alguém faz um comentário, está descrevendo um significado particular de algo que apenas conseguiu perceber superficialmente. Quem ouve a história também irá dar um significado particular baseado em apenas uma das partes da conversa, em seguida irá repassar da mesma forma, e assim por diante. Da mesma forma, não podemos nos basear em nossos próprios mapas para definir uma situação, pois é um equívoco. Nossa visão de mundo é diferente da de outras pessoas e o que se passa ao nosso redor é absorvido incompletamente.

Quantos boatos já causaram problemas e no fim nada era o que parecia ser? Por exemplo, em um corredor de escritório alguém ouve "vamos ter que fazer um corte", logo se deduz que haverá demissão, pois o significado da palavra corte naquele contexto para aquela determinada pessoa que ouviu se resume a isso. O boato segue por todos os lados, as pessoas ficam apreensivas e o clima tenso. Então, finalmente alguém decide conferir diretamente na fonte e descobre que a frase "vamos ter que fazer um corte" se referia ao ajuste que será feito na mesa para que ela possa se encaixar na sala.

Se algum dia passou pela experiência de ter julgado algo precipitadamente e depois causou arrependimento, sua ação foi baseada no mapa e seu arrependimento foi gerado após conhecer o território.

Não vivemos diretamente no mundo em si, mas de uma representação que fizemos. Esta representação será formada por nossas experiências e servirá de base para nossa conduta. As experiências são distintas para cada um de nós, sendo assim, cada um terá uma representação (mapa) diferente. A mesma pessoa pode passar pela mesma situação e tirar significados diferentes, pois entre um momento e outro já adquiriu novas ideias e ampliou o mapa, ou seja, ela já não é a mesma pessoa de antes. Como informa o filósofo Heráclito de Éfeso: "Tu não podes tomar banho duas vezes no mesmo rio, pois aquelas águas já terão passado e também tu já não serás mais o mesmo".

Lembre-se também de que tudo isso estará sendo influenciado por nossas limitações neurológicas, sociais e psicológicas. Quanto mais perguntas fizer, mais detalhes conseguirá obter e melhor será a compreensão da situação. É necessário cautela para não tomar decisões precipitadas, pois o mapa não é o território.

SEGUNDO PRESSUPOSTO:
TODO COMPORTAMENTO POSSUI UMA ESTRUTURA

Tudo o que julgamos e fazemos é resultante da forma como aprendemos a julgar e a fazer. Este aprendizado foi registrado em nosso cérebro e formou a estrutura interna que nos guia. Este guia com o tempo se torna tão automático que já não percebemos porque estávamos fazendo ou sendo de determinada maneira. Esta forma automática nos ajuda a agir mais rapidamente, tornando-se, basicamente, uma estrutura de ação e reação. A linguagem será a forma de expressar a estrutura e se tornará nosso comportamento.

Independentemente das consequências, o comportamento emanado é apenas resultado da estrutura. Por exemplo, você considera arrogante a forma como seu superior no trabalho lhe passa as atividades, porém, esta forma é apenas representação da estrutura dele de passar atividades.

Como também, se você o considera arrogante, é porque sua estrutura está formada para achar aquele tipo de atitude arrogante. Lembre-se de que cada um possui um mapa e percebe as situações de formas diferentes.

Absorvemos a experiência através dos cinco sentidos, internalizamos, damos o significado através do nosso mapa e expressamos através do nosso comportamento, ou seja, a estrutura possui regras e uma sequência. Por exemplo, se você fica zangado quando alguém fala alto é porque sua estrutura está formada para reagir dessa forma quando alguém fala em voz alta.

Vamos tomar como exemplo alguém que fuma para aliviar a tensão. Sua estrutura lhe conduz a duas coisas: primeiro que precisa aliviar a tensão, segundo, que o ato de fumar lhe fornece isso. Não é apenas o ato de fumar que alivia a tensão, mas, sim, o significado que isso tem em sua estrutura. Então, temos a seguinte sequência: ficar tenso e sentir necessidade de se aliviar. A forma de conseguir isso é através de fumar, que por fim se torna seu comportamento. Podemos dizer que para aliviar a tensão sua estrutura interna lhe guia a usar o cigarro. Isso é errado? Isso é certo? Não importa, o que realmente importa é entender que essa reação é apenas uma consequência de sua estrutura interna.

Se todo comportamento possui uma estrutura, então é possível mapeá-lo. Se for possível mapeá-lo, então também será possível conhecer os detalhes e modificá-lo. Tudo ao seu redor pode mudar, mas, se ainda continuar com a mesma estrutura, seu comportamento irá permanecer igual. A maneira como se comporta é apenas resultado de como está estruturado para se comportar.

TERCEIRO PRESSUPOSTO: SE UMA PESSOA PODE FAZER ALGO, TODOS PODEM APRENDER A FAZÊ-LO TAMBÉM

Se uma pessoa pode fazer algo, então, outra pessoa também pode. Para isso não basta simplesmente querer, pois este querer implica uma vontade sem ação. Muitas dizem não conseguir porque nem ao menos tentaram, e logicamente não iriam conseguir mesmo.

Como fazer? Esta é a questão a ser respondida. Já falamos que toda pessoa tem seu próprio mapa de mundo e também que todo comportamento possui uma estrutura. Para fazermos o que o outro faz, precisamos compreender primeiro como é o mapa e como ele percebe a realidade através dos cinco sentidos. Segundo, aprender como é sua estrutura interna para imitá-la.

Você pode achar que não é capaz de realizar algo, mas é apenas porque ainda não descobriu o que é necessário para realizá-lo. Quer ser um grande líder? Investigue como os grandes líderes se comportam e o que sabem sobre liderança. Quer ser um ótimo corredor? Investigue como um grande corredor treina e se alimenta.

Por exemplo, um bom atendente diz "você precisa sorrir para os clientes", mas qual é o motivo? Apenas sorrir? O que está por trás desta informação? Talvez de acreditar que todo cliente é uma boa pessoa, ou que se sente bem ao agradar alguém, ou que se sente feliz por ajudar alguém a comprar algo de que necessita, ou que aprendeu com seus pais que devemos tratar os outros como gostaríamos de ser tratados etc. Não é apenas uma questão do "sorrir" para o cliente, mas, sim, de todo o significado que está envolvido.

Quando conseguir estas informações, será possível descobrir os caminhos necessários para alcançar os resultados que deseja. Isso pode ser feito por qualquer pessoa, não importa qual o nível social, intelectual etc., o importante é descobrir como é o mapa e a estrutura detrás do conselho "você precisa sorrir para os clientes".

Ainda não conheço alguém que, após nunca ter feito absolutamente nada, acordou em um belo dia com habilidades extraordinárias. Todos os exemplos que conheço foram de pessoas que através de muito esforço, experiência, trabalho duro permitiram que todo o conhecimento acumulado desencadeasse uma estrutura capaz de realizar a tarefa com perfeição. Então, se imagine como um ator que precisa interpretar um vencedor, ensaie, pratique, decore as falas, as formas de se comportar no palco etc., para que ao final da apresentação possa receber os calorosos aplausos da plateia.

Já ouviu alguém dizer "ele é igual ao pai"? Não apenas em semelhanças físicas, mas também no comportamento. Para uma criança, o pai é a figura de espelho para seu desenvolvimento. Se o filho é parecido com seu pai, é resultado de ter aprendido ao longo dos anos a copiar sua estrutura e comportamento. Quer saber como é a estrutura de uma pessoa? Conhecer como foram seus professores, pais, amigos de infância já lhe dará uma pequena ideia.

Se acreditar que nunca conseguirá fazer o que outra pessoa faz, lembre-se: ele é um ser humano que de algum modo chegou aonde está hoje, você também é um ser humano e possui as mesmas capacidades que ele, mas, caso não as tenha no momento, ainda poderá desenvolvê-las.

Que tal ser tão bom quanto Oscar Schmidt, o maior destaque no basquete masculino brasileiro? Ele sempre treinou duro e tinha em mente que não existia talento sem treinamento. Em entrevista para a revista EXAME, em 01/09/2013, ele dá cinco conselhos: treinar cada vez mais, ter automotivação para desempenhar o melhor a cada dia, saber qual é seu papel dentro do time, não se importar com os obstáculos para poder superá-los e manter o bom humor. Oscar diz que seu talento é fruto do seu treinamento, ou seja, resultado de todo o longo caminho que percorreu até ser reconhecido como esse extraordinário atleta no mundo do basquete.

Pode não ser fácil, mas se ele conseguiu chegar aonde chegou outra pessoa também pode. Ainda não sabemos toda sua estrutura, porém, seguir seus conselhos já seria o primeiro passo. Você pode nunca ter entrado em uma cozinha, mas se seguir a receita de como fazer um bolo possivelmente irá conseguir.

QUARTO PRESSUPOSTO:
CORPO E MENTE FORMAM UM MESMO SISTEMA

A mente e o corpo trabalham em conjunto, seja para entender o que estamos vendo, seja para dizer o que estamos vendo. O que pensamos influencia nosso corpo, as ideias que passam na mente disparam estímulos que afetam diretamente a respiração, sensações, músculos, enfim, o corpo em sua totalidade. Da mesma forma, nosso corpo também irá influenciar a maneira como iremos pensar.

Como foi que aprendemos que o fogo poderia machucar nossa pele? Quando uma parte do corpo se queimou e nosso cérebro registrou esse fato. Por que ficamos acordados até a madrugada estudando, mesmo com muito sono? Porque nosso cérebro nos manteve o pensamento de que não poderíamos dormir sem estudar.

Vamos tomar como exemplo um corredor de rua em duas situações. Na primeira, seu corpo está quase sem energia para continuar a corrida e sua vontade de vencer faz com que seu cérebro seja mais influenciador e "fale" em voz alta "continue, não pare, você vai conseguir vencer", fazendo com que seu corpo prossiga na atividade. Na segunda, seu corpo o influencia mais, sente dores quase insuportáveis e o único pensamento que chega ao cérebro é "não vou conseguir terminar, preciso parar", ou seja, seu corpo afetou a maneira como sua mente estava trabalhando durante a corrida e o fez desistir no meio do caminho.

É impossível separar corpo e mente, ambos são complemento um do outro, ambos influenciam um ao outro. Uma mente pensante pode criar boas ideias, porém, se o corpo não as coloca em prática poderão se perder. Por exemplo, sua cabeça diz que passear de bicicleta com seu filho seria um tempo maravilhoso, mas seu corpo consegue suportar algumas pedaladas? Consegue aproveitar um passeio com a família pensando em todos os relatórios que precisa entregar no trabalho? Se o corpo possui capacidade suficiente, mas uma mente inativa, possivelmente realizará muito menos do que poderia ser produzido. Por exemplo, em um concurso de beleza ter uma aparência física bonita é muito importante, porém, a candidata poderá perder pontos caso não saiba construir boas respostas para as perguntas que fazem. Quer ser palestrante, ótimo, seu corpo o levou até o palco, mas se, infelizmente, não tem todo o conhecimento necessário para realizar a palestra, o que acha que poderá acontecer?

Pense em coisas boas, aprenda novos assuntos, novas formas de fazer as mesmas coisas apenas para treinar seu cérebro, mantenha sua cabeça ativa e pensante, da mesma forma, cuide da saúde, pratique algum esporte, cuide da alimentação para que permaneça em perfeitas condições. Faça com que seu corpo e mente trabalhem em sincronia para que os resultados sejam alcançados com sucesso. Podemos dizer que a mente é o piloto e o corpo é o carro, quando ambos estão em perfeitas condições poderão realizar coisas incríveis juntos.

Uma mente saudável gera um corpo saudável, um corpo saudável gera uma mente saudável.

QUINTO PRESSUPOSTO: AS PESSOAS JÁ POSSUEM TODOS OS RECURSOS DE QUE NECESSITAM

Quantas pessoas incríveis existem no mundo? Filósofos, empresários, educadores, esportistas, monges, escritores, religiosos etc., uma infinidade de exemplos que nos motiva e ao mesmo tempo parecem ser de outro "planeta" devido a tamanho sucesso que conseguiram na vida.

Se compararmos os resultados delas com os nossos, poderemos considerar que são especiais ou nasceram com algum dom divino. No entanto, se compararmos as semelhanças, descobriremos que também possuem as mesmas características que nós, pois basicamente são seres humanos. Mas, então, como podem ser tão diferentes? Você pode dizer que nasceram com mais oportunidades, mas lhe garanto que, se pesquisar a fundo, irá descobrir diversos exemplos de vencedores, desde o mais "sortudo" até o mais "sofredor".

Com exceção de pessoas com limitações físicas ou mentais, podemos considerar que todo o restante possui as mesmas condições básicas, pois sabem falar, ouvir, pensam, sentem etc. Todos os recursos básicos que precisamos já estão conosco, porém, a diferença está no que é feito com estes recursos. Por exemplo, você não sabe tocar piano, mas tem braços, mãos e dedos saudáveis. Você não sabe abrir o motor de um carro, mas possui todas as ferramentas necessárias em casa. Então, nos fazemos uma pergunta: "Por que não consigo?" Lembre-se de que ter os recursos é muito diferente de saber como usá-los.

Quando se sentir incapaz faça uma simples pergunta: "O que eu preciso para alcançar meu objetivo?" Quando conseguir responder a pergunta e fizer a lista do que precisa, parta para a ação e as coloque em prática. Ao invés de aprender apenas com a própria experiência, procure conhecer a estrutura de quem já conseguiu o que você deseja. Pode até dizer que não tem dinheiro ou conhecimento, mas uma coisa é certa, você possui os recursos para descobrir como conquistá-los.

Tudo o que precisa pode estar mais perto do que imagina. No livro Desperte o Gigante Interior, de Anthony Robbins, ele menciona uma frase que resume bem o que estamos discutindo aqui: "Dedicado ao poder ilimitado que está dormindo dentro de você. Não deixe que ele continue inativo". Ninguém nasce com todo o conhecimento necessário, todos possuem as mesmas condições básicas e com o tempo desenvolvem habilidades que correspondem à soma de conhecimento teórico e aplicação prática.

SEXTO PRESSUPOSTO:
É IMPOSSÍVEL NÃO NOS COMUNICARMOS

É impossível não se comunicar porque a maior parte do que transmitimos é feito pela linguagem não verbal, ou seja, isso significa que quase tudo o que você "diz" não está saindo diretamente da sua boca.

Nossa comunicação é expressa através do tom de voz, do ritmo da fala, da expressão corporal, da expressão facial, da linguagem corporal, da respiração, das roupas que usamos, do carro que temos etc. Tudo isso está constantemente enviando mensagens para outras pessoas. Por exemplo, alguém que diz estar triste e mantém um sorriso no rosto está transmitindo duas mensagens: a primeira é através de palavras, a qual diz estar triste. A segunda é através da sua expressão facial, o sorriso indicando felicidade. Então, como saber qual é a verdade? Para isso é necessário avaliar todo contexto que o envolve.

A roupa que usa pode dizer que tem dinheiro ou não, que valoriza coisas sofisticadas ou simples. Seu odor pode determinar se é uma pessoa higiênica ou não. A forma que se senta pode demonstrar que está preocupado ou relaxado. A forma como caminha pode indicar pressa ou tranquilidade. Os exemplos são muitos.

É muito importante prestar atenção na linguagem não verbal. Você pode dizer que não se importa, mas lembre-se, você será julgado por outras pessoas e isso poderá acarretar tanto benefício quanto prejuízo. Podemos ficar sem dizer uma palavra para evitar a comunicação, porém, mesmo assim, estaremos transmitindo a mensagem de que somos uma pessoa reservada, que precisamos ficar sozinhos, que não queremos conversar, que somos insociáveis etc., mas isso dependerá da interpretação de cada um.

O momento também é um fator importante da comunicação: uma pessoa que transmite uma mensagem de forma autoritária, mesmo que não seja seu perfil, pode ser considerada como autoritária por pessoas que não a conhecem e presenciaram somente este momento dela, pois o ditado que diz "a primeira impressão é a que fica" terá validade neste caso.

A comunicação também possui algumas interferências: a incongruência entre a fala e o corpo são motivos de constantes mal-entendidos. Como você se sente quando alguém com quem está conversando fica com o corpo virado de costas? Ele pode até estar respondendo suas perguntas, mas o que seu corpo está dizendo? Que não está interessado em você? Que aquela conversa não é interessante? Se uma pessoa está suando e agitada e lhe diz estar calma, o que você pensaria? Talvez que "não acredito em você".

Você levaria em consideração os conselhos de alguém obeso sobre o que é importante comer para manter um corpo saudável? Dificilmente, não é mesmo? Justamente porque a boca diz uma coisa e o corpo diz outra.

Tenha cautela, pois sua comunicação é uma soma de fatores. Queira você ou não, isso acontece a todo momento e em qualquer lugar. Sempre será um equívoco dizer "eu não falei nada", porque se lembre: é impossível não se comunicar.

SÉTIMO PRESSUPOSTO: O SIGNIFICADO DA SUA COMUNICAÇÃO É A REAÇÃO QUE VOCÊ OBTÉM

Alguma vez você já ouviu a frase "ele não entende nada do que eu falo"? Entre o que você diz e o que a pessoa entende existe uma parte muito importante, a maneira como foi dito. A mensagem pode estar clara para você quando falou, mas será que isso é realmente verdade? Se a pessoa ainda tem dúvidas é porque você não conseguiu ter sucesso quando a transmitiu.

Não adianta colocar a culpa no outro, pois não existem pessoas incapazes de aprender, mas, sim, pessoas incapazes de ensinar. Então, assuma a responsabilidade e tente novamente, procure outros caminhos, até que realmente a mensagem seja entendida da maneira que gostaria. Quando se passa uma mensagem confusa, se irá receber uma resposta confusa. Da mesma forma, se transmitir uma mensagem estressante, existe grande possibilidade de receber estresse como reação.

Que reação você espera receber? Preste atenção nisso para que possa seguir o caminho correto e conseguir seu objetivo.

A intenção da mensagem e a mensagem em si podem ter grandes diferenças. Se você recebeu uma reação negativa quando enviou uma mensagem positiva, isso deverá ser esclarecido, pois até então sua mensagem foi entendida como negativa. Se prestar atenção na linguagem não verbal da outra pessoa, conseguirá perceber boa parte de como sua mensagem foi recebida e prever qual será a reação.

Lembra-se da incongruência entre o que diz e o que o corpo informa? Se alguém lhe dissesse "entendi" e sua expressão facial indicasse dúvida, o que faria? Tem realmente certeza de que passou a mensagem de maneira adequada? Sempre existirá entendimento quando conseguir falar de uma maneira que a pessoa consiga entender, mas, para isso, precisa ter flexibilidade para saber que cada um possui uma forma de aprender.

Muitas vezes não sabemos por que determinado assunto chegou a um ponto complicado e distorcido. Por exemplo, uma pessoa irritada passa uma comunicação irritada, recebe uma resposta irritada, então novamente responde irritada e recebe reação irritada. Isso se torna um círculo vicioso, não é verdade? Mesmo que o interlocutor não perceba, primeiramente isso começou com ele e não com quem respondeu dessa forma. É necessário recuar e quebrar este ciclo para poder romper o clima tenso que foi gerado, caso contrário, não terá fim.

É impossível querer receber afeto dizendo palavras grosseiras. A responsabilidade sempre será de quem transmite a mensagem, pois a reação que recebe é apenas uma consequência daquilo que transmitiu. Observar os detalhes é extremamente importante, pois assim será possível corrigir falhas e melhorar a cada dia.

OITAVO PRESSUPOSTO:
TODO COMPORTAMENTO TEM UMA INTENÇÃO POSITIVA

Todo comportamento, mesmo que nocivo, tem por trás uma intenção positiva, não importa se a situação pareça boa ou ruim. Humilhar alguém pode ter a intenção positiva de demonstrar o quanto é superior, um suicida pode ter a intenção positiva de acabar com o sofrimento por que passa, um elogio pode agradar uma pessoa, mas, por outro lado, quem elogiou pode ter a intenção positiva de satisfazer a necessidade de receber afeto como resposta.

A intenção positiva será encontrada na causa que motivou a ação, ou também na causa que lhe impede de conseguir o que deseja. O que o motivou a fazer o que fez? Qual a necessidade que estava querendo suprir? O que estou ganhando não conseguindo manter a dieta? Por exemplo, uma pessoa obesa que se considera engraçada evita emagrecer porque de alguma forma, inconscientemente, tem a ideia de que se isso ocorrer deixará de ser engraçada. Pode muitas vezes não saber por que não consegue seu objetivo, mas veja que a intenção positiva está ali, a de manter-se engraçada, causa que a faz evitar perder peso.

Saber qual é a intenção positiva é fundamental, pois nem sempre ela acarreta consequências positivas. Voltando ao exemplo da pessoa que humilhou a outra, poderia até satisfazer a necessidade de se mostrar superior, no entanto, causou grande constrangimento na outra e deixou a relação entre os dois prejudicada. Quais são as formas mais saudáveis que poderíamos encontrar para satisfazer a mesma necessidade? Só poderemos responder a esta pergunta quando soubermos qual é a intenção positiva.

Quantos alcoólatras encontramos todos os dias? São apenas pessoas sem rumo na vida? O que há por trás daquela situação? Já parou para se perguntar por que ficaram assim ao invés de rotulá-los? Se ouvir as histórias poderá se surpreender e mudar de opinião. Por mais negativo que algo possa parecer, chegar até aquele ponto teve uma intenção, não sabemos qual é, mas ninguém "estraga" a vida porque realmente quer. Talvez, isso tenha sido consequência de diversas dificuldades e, mesmo não sendo uma forma saudável, foi a única maneira que encontrou de escapar dos problemas.

Um funcionário que chega atrasado ao trabalho teve a intenção positiva de descansar mais, um assaltante roubou uma loja porque a intenção positiva era de conseguir mais dinheiro, alguém que não entregou os relatórios no prazo teve a intenção positiva de fazer mais cuidadosamente etc. Procure entender o porquê fazem o que fazem e os observe por outro ponto de vista.

A intenção positiva existe e está embutida na ação, no entanto, satisfazê-la não pode ser o único critério a ser usado. Também não podemos julgar apenas pelas consequências geradas. É necessário verificar qual é a intenção positiva que desencadeia a ação e qual é a maneira mais saudável de satisfazê-la. A intenção positiva nunca será sinônimo de consequências positivas, sendo assim, analisar os dois fatores e o contexto envolvido será o primeiro passo para se chegar a resultados mais satisfatórios.

NONO PRESSUPOSTO: AS PESSOAS SEMPRE FAZEM A MELHOR ESCOLHA DISPONÍVEL PARA ELAS

Sabemos que cada pessoa tem sua própria história e seu mapa mental, e que cada um de nós se baseia neste para entender o que se passa ao nosso redor. Sabemos também que toda ação possui uma intenção positiva. Mas se ainda não conseguimos o que gostaríamos, é porque somos incapazes? A resposta é absolutamente não.

Todos fazem as melhores escolhas que podem de acordo com suas capacidades e recursos disponíveis. O resultado insatisfatório não é consequência da escolha em si, mas, sim, de uma limitação de escolhas disponíveis naquele momento. Mas repito, todos fazem a melhor escolha que podem.

Se hoje você faria uma escolha diferente, provavelmente é porque seu conhecimento aumentou, lhe forneceu uma nova visão sobre aquele momento no passado e agora tem mais opções. Porém, se voltasse no tempo e ainda tivesse as mesmas ideias e recursos, acredito que teria seguido pelos mesmos caminhos.

Não é uma questão de incapacidade, mas, sim, de limitação nas opções de escolha. Por exemplo, sua casa pode ainda estar sem pintura porque não gastar com a tinta foi a melhor escolha que teve devido às condições financeiras. Se ainda não terminou a pintura, mesmo tendo dinheiro, algum motivo o levou a considerar que não pintar ainda é a melhor escolha.

Comprar um carro novo ou fazer uma poupança? Depende da sua vida e o peso que cada uma das opções tem para você. O arrependimento pode vir mais tarde, mas de nenhuma maneira você fez a escolha menos coerente quando a tomou, pois dentre uma ou outra a conclusão a que chegou foi a melhor disponível. Outra pessoa também não pode escolher por você, pois ninguém sabe como é seu mapa e a sua estrutura, não poderão dizer o que é melhor simplesmente porque estarão se baseando em seus próprios mapas e estruturas internas, as quais são diferentes dos seus.

Antes de julgar alguém, tenha em mente que ele faz as melhores escolhas que pode. Os resultados podem não ser bons, mas as escolhas de acordo com seus recursos foram. Mario Sérgio Cortella, filósofo brasileiro, disse a seguinte frase, que se adequa a este texto: "Faça o teu melhor, na condição que você tem, enquanto você não tem condições melhores, para fazer melhor ainda!"

DÉCIMO PRESSUPOSTO: SE O QUE VOCÊ ESTÁ FAZENDO NÃO ESTÁ FUNCIONANDO, FAÇA OUTRA COISA

O próprio nome do pressuposto já explica o seu significado, não há muito que escrever. Se algo não está funcionando, continuar fazendo a mesma coisa não irá funcionar, a não ser que sua intenção seja continuar fazendo com que ela não funcione.

Busque outra forma de realizar, encontre novas opções, encontre outro caminho, pense fora da "caixa" para ver por outros pontos de vista.

Para resumir este pressuposto, é perfeito usarmos a frase de Albert

Einstein: "Insanidade é continuar fazendo sempre a mesma coisa e esperar resultados diferentes".

CONSIDERAÇÕES SOBRE OS PRESSUPOSTOS

Os dez pressupostos nos fazem refletir sobre o dia a dia e como estamos nos relacionando com as pessoas a nossa volta. Essa reflexão nos impulsiona ao desenvolvimento pessoal, coletivo e de vida. Quando julgar alguém como incapaz, lembre-se de que ele está fazendo o melhor que pode e tente ajudá-lo, pois seria o mínimo que pode fazer, já que se considera superior agindo dessa maneira.

Aplicando-os tanto na vida pessoal quanto na vida profissional, desencadeamos maior flexibilidade nas situações enfrentadas e um relacionamento mais produtivo com as pessoas com quem convivemos.

Todos nós somos diferentes uns dos outros, e essa diferença possui grandes riquezas, pois, se eu aprendo algo com você, você pode aprender algo comigo. Se as pessoas compreendessem mais umas às outras, haveria menos conflitos. Compreender não quer dizer que precisamos agradar, mas, sim, que precisamos respeitar as diferenças das pessoas que nos cercam e mudar a frase de "ele está errado" para "ele é apenas diferente".

Não podemos mudar o mundo para que ele se adapte aos nossos padrões, mas podemos mudar nossos padrões para nos adequarmos a ele.

"Seja a mudança que você quer ver no mundo." (Mahatma Gandhi)

Exercícios de fixação

1- Muitas vezes, não concordamos com algumas pessoas. Como podemos fazer para evitarmos julgamentos?

2- Com base no que foi aprendido neste capítulo, o que você pode fazer para melhorar a comunicação com pessoas ou setores no seu ambiente de trabalho?

3- Com base nos pressupostos da PNL, o que podemos fazer para produzirmos mais com menos stress?

4- Que tipo de pensamentos você escolhe ter sobre seu trabalho e sua vida? O que os pressupostos da PNL dizem sobre nossos pensamentos?

Capítulo 3

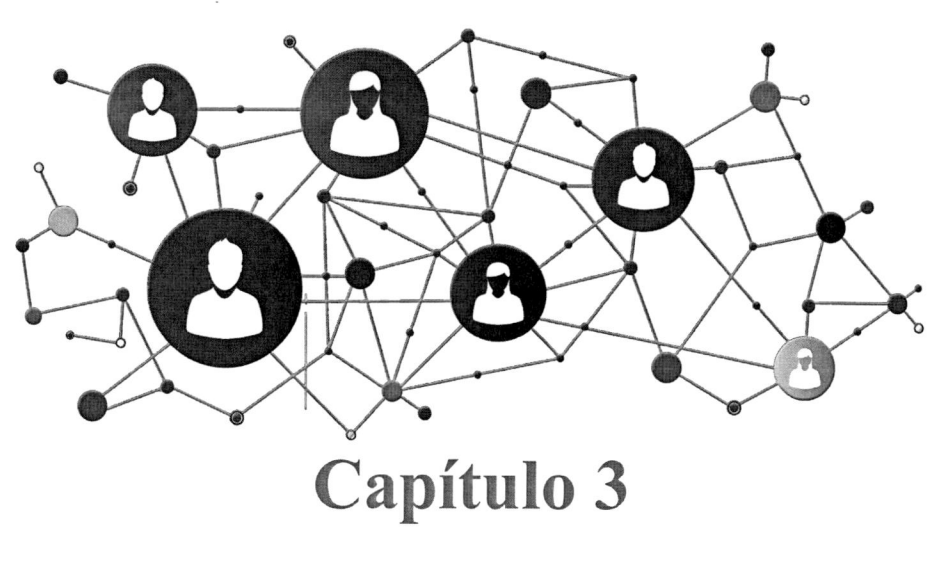

Crenças

Primeiramente vamos refletir sobre o porquê temos um capítulo intitulado crenças neste livro. Crença também faz parte da nossa comunicação interna, e esta afeta nossa comunicação externa. Sendo assim, para nos comunicarmos de forma adequada com outras pessoas, primeiramente, precisamos ter uma boa comunicação com nós mesmos.

Para algumas pessoas a palavra crença pode remeter a assuntos relacionados a religião, o que não deixa de ser verdade, já que ela é muito usada neste meio, porém, não se refere somente a isso. Outras pessoas podem usar palavras como esperança, fé, convicção, certeza, dentre outras, que também correspondem à mesma ideia que iremos destacar.

Crença é tudo aquilo que acreditamos ser verdade, é derivado das experiências que vivemos e dos significados que damos a elas. Todos nós a possuímos, independente da quantidade e intensidade, elas de algum modo sempre estão influenciando a maneira como nos comportamos. O grande poder que existe por trás de uma crença reflete diretamente na maneira como interpretamos o mundo, pois nos fornece um direcionamento e impulsiona a forma como reagimos a ela.

Vamos voltar ao aspecto religioso, perceba como a vida das pessoas é influenciada por acreditarem em uma entidade superior, moldando a maneira como são, como se comportam, como tratam os outros, como criam os filhos etc., causando grande impacto dentro de uma sociedade. Da mesma maneira, existem pessoas que seguem outro tipo de filosofia, como, por exemplo, a teoria da evolução das espécies, dedicando-se a encontrar outra resposta para a questão: "De onde viemos? Somos descendentes de Adão e Eva? Somos descendentes do macaco?" Não há julgamento aqui de qual delas é a correta, pois o objetivo não é este. O importante a destacar aqui é como o que acreditamos impacta e define o caminho que seguiremos na vida.

Tudo o que fazemos ou pensamos tem por trás algo em que acreditamos. As crenças podem nos fazer conquistar grandes riquezas ou também nos dar uma vida limitada. Se alguém acredita que somente através de estudos pode conseguir uma carreira de sucesso, isso irá motivá-lo a fazer cursos para qualificar-se cada vez mais; se alguém acredita que sucesso na vida é somente uma questão de sorte, pode limitar-se ao acaso e esperar na frente da TV que algum milagre aconteça para melhorar suas condições. Ambos estão certos e seguindo o que acreditam, porém, é necessário avaliar o contexto geral e identificar quais acarretarão melhores resultados.

COMO SÃO FORMADAS AS CRENÇAS

Você já pensou por que está lendo isso? O que pensou quando viu este livro? O que acredita conseguir após concluir a leitura? As respostas serão o ponto de partida para identificar algumas de suas crenças. Digamos que acredita obter maior conhecimento sobre como lidar com as pessoas no trabalho. Qual a razão para querer melhorar o relacionamento com as pessoas? Isso também irá abordar outra crença, como, por exemplo, a de que conseguirá melhores resultados. Como chegou a essa conclusão? Lembra por que passou a acreditar nestas coisas? Talvez sim, talvez não. As crenças são formadas em qualquer período e podem permanecer pelo resto de nossas vidas, muitas estão no nosso inconsciente e nem nos damos conta de que elas existem.

O primeiro fator que forma uma crença é através das restrições que existem no ambiente e que basicamente nos dizem "isso você pode", "isso você não pode". O segundo fator é nossa forma de comportamento, pois, sabendo das restrições, passamos a seguir de acordo com elas e isso se torna nossa atitude, a qual é o terceiro fator. O quarto fator é o que forma a crença, pois se refere ao significado que associamos ao nosso entorno após passarmos pelos três primeiros, como, por exemplo, felicidade e sofrimento, bom ou ruim, vida e morte etc., um terá a ideia de que "fazendo isso você ganha", o outro de que "fazendo isso você perde". Por fim, você cria sua identidade e valores.

Sua crença é derivada da experiência, mas isso não quer dizer que seja somente quando está presente no evento, também existem outras formas, ela pode ser gerada através de um filme, da história de um livro, dos noticiários de uma rádio etc. Por exemplo, muitas pessoas, após a divulgação da mídia, acreditavam que só existiam terroristas no Oriente Médio após o atentado de 11 de setembro nos Estados Unidos, como também, muitos estrangeiros que não conheciam o nosso país acreditavam que no Brasil só existiam selvas e índios.

Não decidimos no que vamos acreditar, pois este processo é realizado através de experiências que desencadeiam benefícios ou prejuízos. Não possuímos um filtro que possa classificar "isso é bom de acreditar" ou "isso não é bom de acreditar", o que acontece ao nosso redor é apenas registrado e armazenado na memória. Não há um limite de quantas experiências formarão uma crença, mas, sim, da intensidade emocional que será experimentada. Por exemplo, se andar dez vezes de patins sem cair, irá criar a crença de que não irá cair, porém, se sofrer um queda grave na décima primeira, a crença mais forte que estará presente quando tentar novamente será a de que vai cair, devido à intensidade emocional envolvida.

Após a criação da crença, ela servirá de base para julgamento de experiências futuras. Seu pensamento em relação a algo só mudará se obtiver um resultado diferente, pois até então o que acredita como verdadeiro estará influenciando seu comportamento da mesma maneira de antes. Por exemplo, se uma promoção no trabalho foi negada, você pode evitar pedir novamente porque "sabe" que não vai conseguir. Mas vale fazermos uma reflexão agora: todas as experiências são iguais? Depois de tudo que leu você já tem condições de responder a essa pergunta.

Se já "sabemos" qual será o resultado, é correto afirmarmos que todas as crenças estão em um nível fora da realidade, pois, antes de uma ação, primeiro nos baseamos no passado e projetamos o futuro. Você tem garantia de que vai estar vivo amanhã? Não, mas mesmo assim você acredita que estará vivo e por isso está planejando as próximas férias. Como criou essa crença? Com base nas experiências passadas que comprovaram até hoje que, toda vez que dormiu, no outro dia acordou para ir trabalhar.

A consequência de uma ação sempre estará destacada no começo do pensamento, pois a crença lhe dá o poder de "prever" o futuro, ou ao menos de pensar que o resultado não mudará. Quanto mais experiências semelhantes houver, mais a crença será reforçada, tanto para as que lhe tragam benefícios, quanto para as que lhe tragam prejuízos, pois é apenas um processo de confirmar o que já se acreditava como verdadeiro.

O FOCO QUE A CRENÇA LHE FORNECE

Quando se acredita que alguma coisa é possível, não importa o que teremos que enfrentar, pois nosso foco sempre estará voltado para alcançar o objetivo. É comum encontrarmos exemplos de pessoas que tinham poucos recursos e ambiente desfavorável conquistarem coisas que não acreditamos, e no final dizemos "ele fez o impossível". A grande diferença está exatamente aí, ele achou que era possível, acreditou firmemente nisso e de alguma forma o fez superar todos os obstáculos.

Pessoas sem essa "energia" podem ser taxadas de pessimistas, realistas etc., mas o que realmente está sendo manifestado é que não acreditam que algo é possível. Isso faz o foco ser direcionado para tudo o que pode dar errado, pois se acreditam que não terão êxito realmente só conseguirão perceber e obter o fracasso.

O foco está ligado diretamente com o que se acredita, pois é neste momento que conseguimos ver o que pode dar certo ou errado, é para onde nossa percepção fica direcionada, é onde vemos o resultado quando realizamos uma ação. Além disso, nosso corpo irá reagir de acordo com o que acreditamos, onde houver dificuldade, ele de algum modo irá conseguir visualizar novos caminhos até que tudo seja realizado. Quantos projetos você já terminou mesmo que eles não tenham saído como planejava? Por este motivo, mesmo que não siga o planejamento estabelecido, novas formas de conquistá-lo serão encontradas quando mantiver o foco no resultado.

Certa vez perguntaram a Thomas Edison por que ele ainda continuava tentando criar a lâmpada elétrica, sendo que já havia fracassado dezenas de vezes. Ele respondeu dizendo que não havia fracassado dezenas de vezes, apenas descobriu dezenas de formas de não criar a lâmpada. Quer maior exemplo que esse? O poder da sua crença e o foco que lhe forneceu foi capaz de mantê-lo persistente, até que um dia finalmente conseguiu chegar ao seu objetivo e mudar o mundo com seu invento.

Já pensou aonde poderia chegar se acreditasse mais na sua empresa, nos seus colegas, na sua vida? Em quantas oportunidades poderia ter conquistado, se mantivesse o foco? Esse é o poder que está dentro de cada pessoa, pode estar adormecido, porém, quando ativado, pode acarretar tantos benefícios que mudará a forma como enxergará o mundo.

NOSSAS CRENÇAS TAMBÉM SÃO FORMADAS A PARTIR DAS CRENÇAS DOS OUTROS

Desde o nascimento estamos expostos às pessoas ao nosso redor e cada uma delas tem suas próprias crenças, sendo assim, estamos constantemente sendo influenciados pelo que dizem e o que acreditam. Uma das formas de criarmos crenças é através da observação, ainda mais quando essa observação é baseada em alguém de referência. Por exemplo, conheci muitas pessoas que acreditavam que comer manga e leite ao mesmo tempo era prejudicial à saúde, conselho este que veio dos pais quando eram crianças. Poderiam ter pesquisado a veracidade da informação, mas não o fizeram, então, essa crença influenciou a maneira como se comportavam.

Em um ambiente de trabalho é muito comum encontrarmos estes tipos de conselhos, como, por exemplo, quando todos dizem que o diretor é "bravo", mas você não o conhece. A partir da crença externa, sua crença interna sobre ele começa a ser formada, passa a temer, ficar distante, evitar conversas, afinal, que outras informações você tem? Nada além das informações que recebeu de outras pessoas. A maneira como seu diretor realmente é pode ser muito diferente do que acredita.

O que acreditamos tem o poder de influenciar os outros, por esse motivo, precisamos tomar cuidado com o que falamos. Se todos os seus colegas de trabalho dizem que você não será capaz de realizar a tarefa porque ninguém ainda conseguiu, isso pode lhe afetar. A crença de que algo é possível ou não poderá ser o fator principal entre conquistar o objetivo ou fracassar.

Mais alguns exemplos de crenças que foram colocadas em nós: existência do papai Noel, coelho da Páscoa, que todo político é corrupto, que vestir roupa branca na virada do ano trará paz etc. Nenhuma destas crenças foi comprovada por nós antes de acreditarmos, mas, sim, formadas a partir da opinião de outras pessoas ao nosso redor.

De uma forma ou de outra, seremos afetados pelo que os outros pensam, porém, quanto mais forte nossa crença interna, mais fraca será a influência externa, quanto mais fraca nossa crença interna, mais forte será a influência externa.

CRENÇAS LIMITANTES

Alguma vez já tentou realizar algo e seu pensamento ficava constantemente dizendo que não iria conseguir? Ou uma pequena voz em seu interior repetindo coisas como "não vai dar certo", "você não conseguirá", "você não é capaz"? De onde vem isso? Muitas vezes não sabemos e as consequências são devastadoras, pois afetam nossa confiança, autoestima, causam frustração, medo, dentre outros sentimentos negativos.

Sem dúvida, isso se refere a uma crença limitante, mas o que seria exatamente isso? Crença limitante são estes pensamentos, convicções, vozes interiores, que lhe impedem de conseguir o que deseja. Não é o ambiente que está lhe sabotando, mas, sim, a maneira como encara a situação de acordo com o que acredita, ou seja, a dificuldade vem de dentro, o fracasso já está definido antes mesmo de tentar.

Por exemplo, você participa de uma reunião de negócios que tem o objetivo de encontrar solução para determinado problema. Todos começam a discutir e você analisa com cuidado tudo o que falam, faz mentalmente os prós e contras, percebe que algumas ideias não são adequadas e constrói a solução para o problema. Você tem a resposta e quer dizê-la, porém, toda vez que tenta acaba ficando calado e deixando a oportunidade passar. Então se pergunta: "Por que não falei?" Uma resposta interna chega com a seguinte mensagem "suas ideias não são boas". Isso é uma crença limitante, pois você sabia a resposta certa, queria contar, porém, no fundo, acredita que suas ideias não são boas e evita dizê-las para não ter um constrangimento. Qual é a consequência? Frustração, pois mais tarde outra voz interna ficará lhe dizendo "deveria ter falado".

Uma crença positiva também pode se transformar em uma crença limitante, isso vai depender do contexto em que a usa. Digamos que na sua infância quando ficava doente recebia atenção dos pais, mais afeto, mais carinho etc., então em sua cabeça ficou registrada a ideia de que ficar doente é igual a receber afeto, logo, se tornou o que acredita ser verdadeiro. Pois bem, hoje você é um adulto, sua vida mudou de contexto, tem suas responsabilidades e tudo mais. Sua crença de infância ainda está ativa e toda vez que se sente solitário fica doente, porém, o problema é que essa estratégia não se encaixa mais agora, os resultados são diferentes, pois ao invés de conseguir o que deseja as pessoas podem lhe tachar de depressivo, chantagista, emotivo, pessoa com má qualidade de saúde etc. Este processo pode ser inconsciente, pois seu corpo apenas irá se comportar dessa forma porque é assim que ele aprendeu a suprir a necessidade de afeto. Se o seu corpo somente conhece essa maneira de conseguir afeto, então, será assim que ele irá reagir.

Quando vierem pensamentos negativos que lhe dizem que algo não será possível, lembre-se de que estão se referindo a uma crença limitante e que isso é apenas coisa da sua cabeça. Sua avaliação está tendo como base eventos passados e criando resultados futuros, ou seja, a realidade de fato não está envolvida. Chegamos até certo ponto porque definimos que ali é até onde podemos chegar, esse limite foi criado por nós mesmos e não conseguimos ver além dele. Até onde chegaria se não soubesse que há limite?

CUIDADO COM O QUE FALA, ESTÁ CRIANDO UMA CRENÇA

No mundo em que vivemos existem ditados populares que nos fornecem certa compreensão de como são as coisas. Esses ditados podem nos ajudar a criar um pensamento fortalecedor, ou, também, um pensamento que irá nos limitar.

Por exemplo, quando alguém fala "manda quem pode, obedece quem tem juízo", qual é o ensinamento por trás dessa ideia? Que tipo de poder deve ter? Quem tem poder pode mandar da maneira que quiser? Impor suas vontades de maneira autoritária? Caso não obedeça, é sinal de que não tenho juízo? Que não posso questionar nada e apenas seguir ordens? E se a ordem dada é para algo que vai contra meus valores, devo obedecer assim mesmo? Qual é o custo disso tudo? Quando internalizamos e passamos a acreditar que isso é verdade, esse ditado popular pode causar grandes problemas em nossas vidas, mais grave ainda, será que você aceitaria que seu patrão lhe tratasse com grosseria e desrespeito? Mas, se é ele quem manda, você não deveria apenas obedecer? É necessário refletir sobre estas questões.

Quantas ações trabalhistas existem contra empregadores que não conseguem respeitar seus empregados por terem esse tipo de pensamento? Quantos empregados sofreram abusos por nunca se imporem e sempre aceitarem qualquer ordem que lhes foi dada? É necessário ter cautela e saber filtrar o que ouvimos e o que falamos, pois estamos constantemente reforçando uma ideia, e essa ideia poderá se tornar uma crença mais tarde.

Conheci um gerente que sempre dizia "nada é fácil", e realmente, tudo o que ele me contava parecia ter algo difícil de ser realizado. Tinha problemas em casa, no trabalho, na vida como um todo e com menos de 50 anos já havia feito uma operação no coração por causa do estresse, ocasião que quase o levou à morte. Muitas pessoas contavam que ele, antes da operação, era uma pessoa muito irritada, daquelas que quando algo saía errado jogava coisas na parede. Analisando a frase que dizia, podemos perceber como sua vida era estressante, pois sempre havia muita dificuldade em tudo. Uma pessoa assim só poderia ter consequências graves na saúde. Sua crença de que nada era fácil desgastava muito seu lado emocional e físico, sua crença de que tudo é difícil também fazia com que ele desconfiasse de algo que foi relativamente fácil de resolver. Veja como o que dizemos pode ir criando um pensamento influenciador dentro de nós e, principalmente, as consequências que são geradas. Lembre-se do que estudamos nos pressupostos, o corpo e a mente estão conectados.

Agora um exemplo de ditado popular que pode gerar uma crença fortalecedora: "A esperança é a última que morre". Algumas pessoas já usaram ou ouviram essa frase, mas o que está por trás? Quando usamos essa frase estamos fortalecendo nossa crença de que algo é possível. Ter esperança significa que não importam as dificuldades que enfrentaremos, estaremos sempre focados no objetivo e iremos persistir com perseverança até conquistá-lo.

O que falamos não são apenas palavras soltas ao vento, por trás há sempre um significado, pois são extensões do nosso pensamento. O impacto não é somente sobre nossa própria vida, mas também em tudo o que há ao redor. Se usarmos palavras ou frases negativas, poderemos afetar as pessoas ao nosso redor e criar um ambiente empobrecido. Se usarmos palavras ricas e positivas, poderemos afetar o nosso redor e contribuir para o crescimento coletivo. Tenha cuidado com o que está dizendo, pois este pode ser o fator principal que o está limitando ou fortalecendo.

O QUE VOCÊ QUERIA SER QUANDO ERA CRIANÇA?

Você se lembra do que queria ser quando era criança? O que dizia aos seus amigos, pais, avós? Nada parecia impossível, na realidade não era mesmo, mas sabe por quê? Porque você não conhecia essa palavra. Seus sonhos, por mais complicados que parecessem, eram sustentados por uma crença tão intensa que contagiava os adultos que estavam ao seu redor, pois talvez eles vissem em você uma pequena amostra daquilo que foram um dia.

Mas por qual motivo, à medida que foi crescendo, estes sonhos começaram a ficar com menos brilho, menos força, até ficarem guardados em um pequeno lugar dentro da memória? O espaço daquele sonho foi ocupado com "realidades" que lhe diziam que nada daquilo era possível, que não conseguiria realizar seus objetivos, que era difícil, e o mais triste, você acreditou nisso tudo sem questionar.

Então você passou a aceitar a vida empobrecida que conseguiu, achando que tudo aquilo era o máximo que poderia ter. A simplicidade daquela criança foi trocada pela complicação de um homem adulto. Por mais exemplos de sucesso que viu, ainda assim, não se permitiu reavaliar seus antigos sonhos de infância. É adequado citar a frase de Albert Schweitzer: "A tragédia de um homem é o que morre dentro dele enquanto ele ainda está vivo".

Você mora na cidade que desejou? Tem o trabalho que sonhou? Digamos que sua resposta seja "não", mas o que deu errado? Muitos fatores podem ter influenciado para chegar aonde está hoje, porém, a falta de acreditar que conseguiria foi um dos fatores mais importantes para esse resultado. Muitos dos seus sonhos ainda existem, porém, não há crenças suficientes que possam sustentá-los.

O que fazemos então quando detectamos crenças limitantes em nós mesmos ou nos nossos liderados? Uma das ferramentas que podemos utilizar é chamada prestidigitação, mas o que isso significa? Significa fazer desaparecer algo, assim como um ilusionista faz, mas dessa vez faremos uma crença limitante desaparecer dando um novo significado a ela.

A prestidigitação é composta de 13 padrões de perguntas que podemos fazer a nós mesmos ou a outras pessoas.

Por exemplo, suponha que você conheça alguém que possui a seguinte crença limitante: **"O que é fácil não tem valor"**.

Utilizando a prestidigitação, podemos fazer as seguintes perguntas:

• **Pergunta de busca de exceção:** Você se lembra de algo que foi fácil para você e gerou um grande valor?

• **Buscar a origem da informação:** Como você sabe que o que é fácil não tem valor?

• **Buscar a meta crença** (crença por trás da crença): Será que você acredita nisto por achar que competência vale menos do que esforço?

• **Mostrar a intenção positiva:** Isto demonstra que você está disposto a fazer o que é necessário?

• **Mostrar o efeito:** Será que pensar desta forma não o está impedindo de ser mais eficiente?

• **Mudar a cultura:** Você sabia que as empresas atualmente buscam fazer mais com menos?

• **Mudar o foco:** Você já ouviu falar que pequenos esforços bem direcionados geram grandes resultados?

• **Olhar no espelho:** Será que por acreditar nisso você gera um elevado custo por resultado obtido?

• **Ressignificar:** Até que ponto acreditar nisto não o está impedindo de fazer um grande esforço em qualidade e produtividade?

• **Metáfora:** Muitas vezes, portas são abertas na nossa vida sem muito esforço da nossa parte. Aproveite a porta aberta. Já imaginou quantas possibilidades podem ali existir?

• **Segmentação para baixo** (peça uma medida): Quanto de esforço é necessário para que ele seja grande?

• **Segmentação para cima** (faça a pessoa imaginar algo): Você já imaginou que se esforço fosse a única forma de gerar valor os esforçados não deveriam ser mais valorizados?

• **Critério mais alto** (duas opções para a pessoa): O que é mais importante, o esforço ou o resultado obtido?

Precisamos utilizar os 13 padrões de perguntas? Não, somente as que forem necessárias para a ressignificação de uma crença.

De forma geral, sempre existe uma forma para conseguirmos o que desejamos. Se você não tem os recursos no momento, pode ao menos conhecer as formas para poder acessá-los. Lembre-se de como era seu pensamento quando acreditava em algo em que hoje não acredita, como era seu comportamento, o ambiente em que vivia, as coisas que superava etc. Reviva essa lembrança para poder reviver sua crença. Como diria Chico Xavier: "Embora ninguém possa voltar atrás e fazer um novo começo, qualquer um pode começar agora e fazer um novo fim".

Exercícios de fixação

Utilizando a prestidigitação, ressignifique as seguintes crenças limitantes:

1- É impossível trabalhar com pessoas lentas na tomada de decisão

2- Quando consigo o que quero, perco logo depois

3- Sou muito azarado nas minhas relações

4- Nunca vou conseguir um emprego melhor

Capítulo 4

Rapport

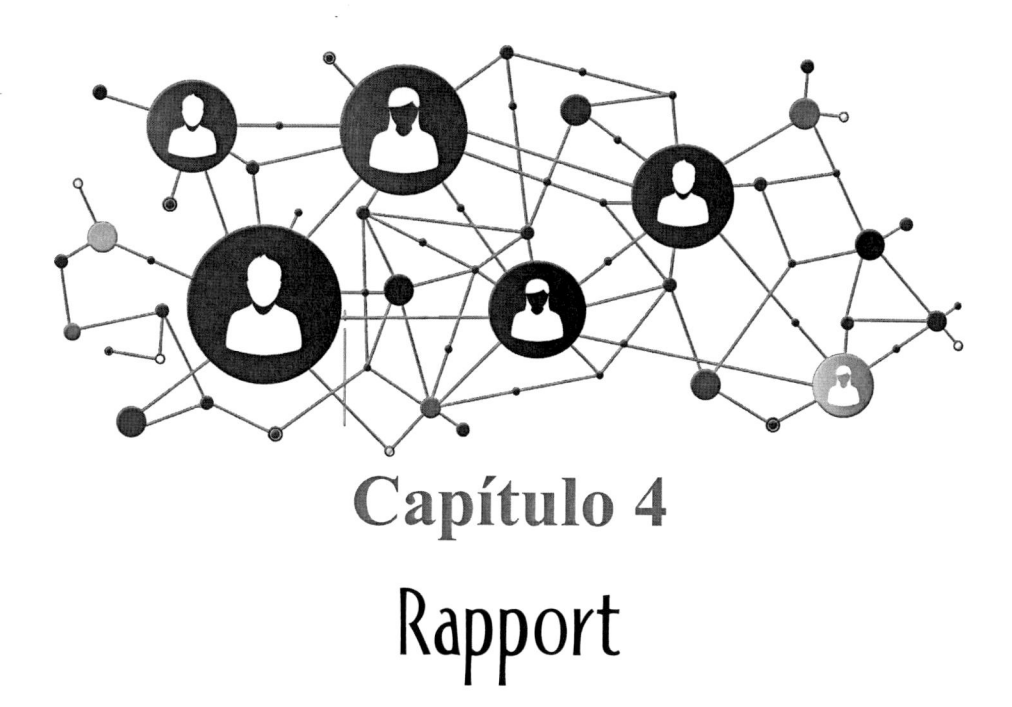

Quando falamos "não tenho intimidade com essa pessoa" ou "venha jantar na minha casa nesse fim de semana", é apenas reflexo do grau de rapport existente entre ambos. O primeiro exemplo indica baixo nível, pois não ter intimidade com alguém quer dizer que não existe proximidade na relação, já o segundo indica alto nível, ou você convidaria alguém de que não gosta para ir jantar na sua casa?

Em qualquer lugar que esteja, seja conversando com sua família ou com seus colegas de trabalho, para ter uma interação significativa é necessário estabelecer rapport, caso contrário, estará contando os minutos para sair daquela situação por não se sentir à vontade. Já esteve em uma conversa que passou por situação semelhante? Como foi? Pareciam não se entender, não é mesmo?

Rapport é uma das coisas mais importantes quando nos referimos à comunicação entre as pessoas, sua tradução significa "relação" e essa palavra tem origem francesa. Ela representa muito mais que uma simples comunicação, ela representa uma interação que permite que as pessoas realmente sejam capazes de se entenderem e ter uma ligação profunda.

O que acontece quando não há rapport com seus colegas de trabalho? Você é convidado para *happy hours*? Consegue ajuda fácil para resolver problemas? Consegue uma boa sintonia para desenvolver as atividades? A resposta é não, pois se não há proximidade não haverá uma interação capaz de fazer conexão na comunicação, ou, ao menos, não terá liberdade suficiente para ser ouvido e compreendido de uma maneira eficaz. Esse detalhe determinará se irá receber uma resposta como "pode deixar comigo, farei agora" ou "quando eu puder vejo pra você".

Rapport permite "entrar" no mundo de outra pessoa para compreendê-la melhor, gera o sentimento de confiança, de ser ouvido, respeitado, entendido, gera uma participação livre e sem resistência. É isso que faz seu gerente dizer "você sabe que pode entrar na minha sala sem bater". Quem não gosta de se sentir ouvido e respeitado? Todos nós gostamos disso, quantos de nós querem perder esse tipo de relação? Ninguém quer.

Pense em um casal de dançarinos, seus corpos se movem em sincronia e conseguem fazer todas as sequências de movimentos de olhos fechados, a confiança é tamanha que quando um deles é jogado no ar não resiste porque sabe que seu parceiro irá segurá-lo. Agora, imagine como seria se nenhum dos dois tivesse rapport? Um poderia ir a um ritmo diferente do outro, não se entenderiam e no final diriam "não consigo dançar com ele".

Podemos dizer que, quanto menos rapport existir, mais formal será a relação, quanto mais rapport existir, menos formal será a relação, mas isso não significa que haverá falta de respeito e educação entre as partes.

RAPPORT PODE SER CONSTRUÍDO CONSCIENTEMENTE

Talvez não saibamos por que não temos rapport com alguém, porém, podemos perceber de certa maneira por que a interação não flui, correto? As ideias não combinam, a linguagem corporal é diferente, não há contato visual, ou há muito contato visual que causa confronto, a pessoa vira o rosto e se direciona para outro lado enquanto você fala, dentre outras coisas. Isso gera um desconforto que muitas vezes é interpretado como falta de interesse. Se sabemos que isso não gera rapport, então a resposta é simples, pois se fizermos o contrário conseguiremos maior proximidade.

Mostrar interesse

Já falou com alguém que parecia não dar atenção às coisas que você dizia? Então, por que perder tempo falando? Quando alguém vier até você, demonstre interesse, faça perguntas sobre o que a pessoa está dizendo e realmente queira conhecer mais detalhes.

Você pode fazer perguntas abertas, aquelas que a pessoa precisa contextualizar a resposta ao invés de apenas dizer "sim" e "não". Por exemplo, alguém lhe diz: "Viajei esse fim de semana para a praia", e você, ao invés de perguntar: "Foi bom?" e logo acabar com a conversa, poderia dizer "Que coisa boa, como foi passar o fim de semana por lá?" A pessoa além de relembrar os bons momentos que passou estará diante de alguém que tem curiosidade em ouvi-la, ou seja, que ela é importante para você, já que demonstrou interesse.

Ouvir e responder

Ouvir o que a pessoa tem a dizer é muito importante, é impossível demonstrar interesse se você não participa da conversa. Alguém já lhe interrompeu enquanto estava comentando algo e logo em seguida passou a falar dela? Isso significa que ela não estava ouvindo e posso garantir que isso não foi legal.

Ouça o que a pessoa tem a dizer, faça com que ela se sinta importante, pois todos nós gostamos de falar nossas histórias. De alguma forma, precisamos preencher nosso ego para nos sentirmos bem, sendo assim, ouvir se torna muito importante para criar rapport.

Você também pode responder complementando alguma coisa similar, como, por exemplo, "comigo também aconteceu isso", mas logo voltar para a história da pessoa, "e como foi que aconteceu isso com você?" Também poderá responder apenas com "ahhh", "hummm", mas que seja um som prolongado que demonstre curiosidade, caso responda de forma rápida, desta forma "ah" ou "hum", pode ser interpretado de maneira inadequada, pois é uma resposta geralmente de pessoas que não querem ouvir e demonstram desinteresse.

Contato visual

Contato visual demonstra estar prestando atenção e focado apenas na pessoa que está conversando. Pessoas que ficam olhando ao redor podem transmitir a mensagem de que gostariam de estar em outro lugar e isso não é bom para criar rapport.

Olhar nos olhos de quem fala é muito importante, porém, isso não pode ser algo prolongado. O ideal é não passar de três segundos cada vez que olhar, pois muito contato visual pode ser interpretado como intimidação.

Esqueça sua opinião em um primeiro momento

Em um primeiro momento apenas escute e demonstre interesse sem fazer julgamentos. A melhor maneira de quebrar o rapport é discordando de quem está falando. Lembre-se, criamos nossa opinião por diversos motivos e durante longos anos de vida, discordar de alguém é ir contra tudo o que ela aprendeu e isso pode fazer a conversa chegar a um ponto em que um já não ouve o outro, mas, sim, apenas defendem seus pontos de vista.

A primeira impressão é a que fica, então, discordar de alguém sem criar rapport irá gerar um bloqueio difícil de ser superado, você será considerado alguém que "discorda". Pessoas com opiniões diferentes geralmente discutem, pessoas com ideias semelhantes compartilham.

Você poderá discordar após criar rapport, pois já terá liberdade para fazer isso. Fazer isso antes é muito arriscado e pode ser muito trabalhoso reverter a situação, podemos demorar meses para criar uma amizade, mas basta um erro para perdê-la. Lembre-se: é possível discordar de alguém mantendo rapport com esta pessoa.

Linguagem corporal e tom de voz

Já percebeu como as pessoas com intimidade se comportam? Geralmente fazem movimentos parecidos, se movem igual, gesticulam de maneira semelhante, o tom de voz é na mesma altura etc. Enquanto a outra pessoa fala, preste atenção em como ela está se comportando e passe a fazer os mesmos movimentos de maneira sutil para que ela não perceba, fale no mesmo tom de voz, use palavras parecidas (ou as mesmas) e tente respirar no mesmo ritmo.

Isso se chama espelhar, é como se a pessoa tivesse um espelho diante dela que "imita" seus movimentos. Essa é uma técnica poderosa para criar rapport, pois você faz conscientemente o que as pessoas com forte ligação fazem inconscientemente. A pessoa que está lhe falando pode não saber o porquê, mas no fim irá dizer que você é muito parecido com ela e por isso gostou da sua companhia.

A inclinação do seu corpo também é importante, nunca fique de frente, isso pode causar sentimento de confronto, prefira sempre ficar em um ângulo de 45 graus. Isso deixará para ambos um espaço que permite "sair" a qualquer momento da conversa, ou seja, não se sentirão pressionados. Sempre tenha o corpo direcionado para a pessoa, jamais fique de costas ou de os ombros, pois isso irá "dizer" que não está interessado.

Já aconteceu de você cruzar a perna e logo em seguida a outra pessoa também cruzar as pernas? Essa é uma ligação profunda de rapport, é isso que irá conseguir gerar prestando atenção na linguagem corporal e imitar de forma sutil o que a outra pessoa faz. Lembre-se de que mais da metade da nossa comunicação não sai em forma de palavras, mas, sim, através da linguagem corporal e tom de voz.

Sorria

O sorriso faz parte de uma pessoa simpática, é a porta de entrada para um bom relacionamento, ou melhor, é a informação de que você está aberto para receber as pessoas. Além de fazer bem para quem sorri, isso contagia as pessoas que estão ao redor. Você prefere falar com alguém que tem o rosto carrancudo ou com quem demonstra estar de bem com a vida?

Sorrir para quem está falando com você indica estar desfrutando da conversa, que se sente bem, que está apreciando aquele momento. Isso irá levar sentimentos bons ao seu interlocutor, ou seja, sua presença será associada a alguém agradável de conversar.

Cuidado para não invadir o espaço em que ainda não tem direito de entrar

Todos nós definimos inconscientemente os espaços ao nosso redor como nosso território, eles são classificados como espaço íntimo, espaço pessoal, espaço social e espaço público. Em cada um deles existe uma determinada distância que começa a partir dos pés e, dependendo do rapport que temos com alguém, indicaremos em qual espaço ela tem permissão para entrar.

Antes de explicarmos sobre os espaços, vamos fazer uma pergunta: alguma vez alguém no trânsito cruzou na sua frente sem bater no seu carro, sem causar dano algum, mas foi tão próximo que o fez ficar estressado? Isso reflete no território que definiu como seu, quando o carro passou a irritação foi gerada porque ele entrou no seu "território" sem sua permissão.

Espaço íntimo: começa em você e vai até mais ou menos 50cm de distância. São ocupados por pessoas íntimas como maridos, esposas, namoradas (os), familiares, amigos de confiança etc. Essa distância permite abraços, beijos etc.

Espaço pessoa: começa a 50cm de você e vai até mais ou menos 120 cm. São ocupados por pessoas como amigos não íntimos, conhecidos, colegas de trabalho etc. Essa distância permite tocarmos até onde nosso braço alcança, como, por exemplo, num aperto de mão.

Espaço social: começa em 120cm de você e vai até mais ou menos 240cm. São espaços ocupados por desconhecidos, como, por exemplo, vendedores de uma loja. Essa distância permite o aperto de mão entre duas pessoas com o braço esticado.

Espaço público: começa a partir de 240cm e não tem limite. São espaços ocupados por pessoas com as quais não temos relação de proximidade direta, como, por exemplo, um palestrante ou um músico em cima do palco.

Prestar atenção em qual espaço está é muito importante para sabermos em qual grau de rapport estamos com outra pessoa, mas essa distância não é você que define. Por exemplo, se estiver no espaço social e tentar avançar para o íntimo sem ter essa permissão ainda, a outra pessoa irá recuar para manter a distância equivalente ao espaço social. Insistir em ir ao espaço íntimo irá gerar desconforto e você será considerado invasivo.

A permissão será dada naturalmente à medida que a outra pessoa se aproximar de você. Isso serve como um medidor para que você saiba se seu rapport está em um baixo ou alto nível de desenvolvimento.

OS QUATRO TIPOS DE PESSOAS

Temos quatro tipos de perfis que mais encontramos. São pessoas de perfil água, perfil terra, perfil ar e perfil fogo. Cada uma delas tem uma determinada forma de agir e também uma de forma de se comunicar. Sabendo disso, conhecer como é cada perfil nos permite ser mais efetivos na criação de rapport, pois estaremos usando a linguagem mais adequada para cada uma delas.

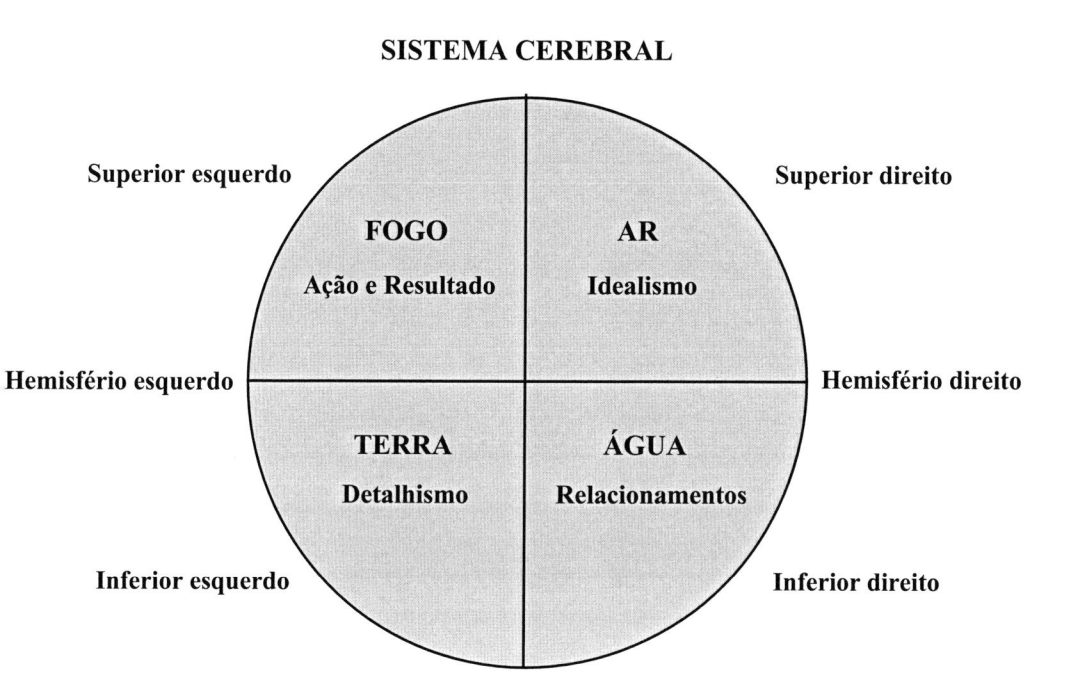

SISTEMA CEREBRAL

```
Superior esquerdo                                    Superior direito
                    FOGO          AR
              Ação e Resultado  Idealismo

Hemisfério esquerdo                                  Hemisfério direito

                    TERRA         ÁGUA
                  Detalhismo   Relacionamentos

Inferior esquerdo                                    Inferior direito
```

Pessoas de perfil ÁGUA

Pessoas de perfil água são mais voltadas para os relacionamentos interpessoais, são comunicadoras, buscam felicidade acima de bens materiais, procuram ter igualdade no ambiente onde trabalham, muitas vezes pensam mais nos outros do que neles próprios.

Seu perfil geralmente é mais voltado para o cinestésico, são sensíveis, mas não somente no sentido de serem emotivos, mas sim de viverem com mais intensidade cada momento. São voltadas para a coletividade, para o time, são também tradicionalistas, gostam de contribuir para a equipe, querem harmonia e preferem delegar autoridade.

Alguns de seus pontos fortes se destacam por serem conservadores e respeitadores das tradições e cultura da empresa, são extrovertidos, bem-humorados, se envolvem com intensidade nas atividades, participam ativamente, têm comunicação aberta, celebram as conquistas, motivam as pessoas ao redor etc. Alguns de seus pontos fracos são voltados para os conflitos, muitas vezes guardam para si e não resolvem o problema, podem deixar os resultados de lado e pensar apenas na felicidade e bem-estar e manipulam através de sentimentalismo.

Exemplo de profissão: relações públicas.

Para criar rapport com uma pessoa de perfil água não se detenha tanto no conteúdo, destaque como ele ficará feliz, como comunicador nato, mostre como poderá conhecer novas pessoas. Também precisam de atualizações frequentes sobre o processo, da equipe de suporte, são indecisos, por isso gostam de conselhos e direcionamento.

Pessoas de perfil TERRA

Pessoas com perfil terra são metódicas e gostam de ordem e controle, ou seja, o fazer correto sempre. Dizer para elas que "depois vemos como resolver" não irá funcionar, pois elas precisam conhecer passo a passo do processo.

São detalhistas, possuem boa capacidade estratégica, são organizados, buscam conhecimento, são pontuais, conservadores e previsíveis, pois sempre seguem determinado procedimento.

Alguns de seus pontos fortes se destacam na capacidade de seguir regras, normas, procedimentos, em sua lealdade e segurança, capacidade analítica etc. Alguns de seus pontos fracos aparecem na falta de adaptabilidade às mudanças, pois isso pode impedir de se arriscarem, são muito detalhistas e sistemáticas, podendo causar atrasos nas decisões.

Exemplo de profissão: contabilidade.

Para criar rapport com pessoas de perfil terra contar os detalhes de uma história para que gere credibilidade para elas, dar ênfase ao procedimento e à estrutura, dar detalhes e explicar o passo a passo, falar de forma pausada e tranquila, mostrar estatísticas ou referências que possam dar segurança na informação.

Pessoas de perfil AR

Pessoas de perfil ar são aquelas que preferem fazer diferente, pois são criativas e pensam em outras formas de fazer a mesma coisa. Têm foco voltado para o futuro, podem ser distraídas, mas também intuitivas. São flexíveis e estão abertas a ideias, são informais e curiosas.

Alguns de seus pontos fortes são voltados para a busca de inovação, pensamento macro, em fantasiar para criar ideias diferentes, pensar no futuro, provocar mudanças radicais etc. Alguns de seus pontos fracos são voltados para a falta de atenção nas coisas que acontecem no dia a dia, buscar sempre o novo e esquecer o tradicional, ter impaciência e se mostrarem rebeldes às vezes.

Exemplo de profissão: marketing.

Para criar rapport com pessoas do perfil ar você precisa falar dos ganhos futuros, como promoções e inovações, contar histórias, ser simples e dinâmico e fazer elogios.

Pessoas de perfil FOGO

Pessoas do perfil fogo são aquelas movidas por ação e resultado, gostam de fazer com que as coisas aconteçam rápido. Possuem comportamento voltado para o senso de urgência, têm ação e iniciativa para fazer o trabalho, são impulsivas, dinâmicas, práticas, vencem desafios, o aqui e agora é mais importante do que o planejamento em longo prazo, não dependem de outras pessoas, não gostam de delegar e são muito centralizadoras.

Alguns de seus pontos fortes são voltados para fazer o que é preciso, ou seja, fazer com que ocorra. Também não gostam de burocracia, vivem o aqui e agora e buscam resolver o problema o mais rápido possível. Alguns de seus pontos fracos se destacam na falta de socialização, a busca por fazer o mais fácil, relacionamento difícil e agir antes de pensar nas consequências globais de suas ações.

Exemplo de profissão: diretoria.

Para criar rapport com pessoas de perfil fogo você não deve explicar o passo a passo de como fazer as coisas, de preferência, fale apenas o resultado. Não falar da vida pessoal ou contar histórias longas, sempre deixá-lo liderar a conversa, demonstrar segurança e principalmente ter em mente que ele não tem tempo a perder.

Cada um dos perfis tem suas peculiaridades, mas isso não quer dizer que sempre serão assim. O que há é uma predominância em cada pessoa, porém, esse perfil pode variar de acordo com a situação. Prestando atenção em como estão agindo é possível identificar qual dos perfis está predominando, com isso, teremos mais probabilidade de criar rapport da maneira mais eficiente, pois estará falando a "língua" correta.

Lembre-se: ninguém é um determinado perfil, a pessoa está em determinado perfil de acordo com a situação.

A IMPORTÂNCIA DO RAPPORT

O rapport é a base da confiança entre duas pessoas, do respeito, do sentimento de segurança que é gerado, sem isso é impossível estabelecermos um vínculo duradouro. Podemos dizer que o rapport é a "cola" que deixará duas pessoas unidas.

Isso é a base para a comunicação bem-sucedida, é o que permitirá entrar no mundo de outra pessoa e compreendê-la de uma maneira melhor. Conseguindo esse vínculo, você terá acesso à maior proximidade e consequentemente conseguirá mais cooperação para qualquer coisa que precise.

Vemos isso, por exemplo, em entrevistas de empregos, alguns empregadores preferem uma indicação de alguém em quem confiam (rapport profundo), a dar emprego a alguém com um currículo impecável, porém, desconhecido (sem rapport). Pense nas pessoas nas quais você confia, nas que chama para passear, na que escolheu para viver junto, todas são decorrentes de uma forte ligação.

Rapport está muito ligado em como você faz as pessoas se sentirem e como sua presença afeta seus estados emocionais. Somos seres sociais, quanto mais pessoas tivermos em nossa rede, mais oportunidades surgirão, as possibilidades aumentarão a cada dia que criar um rapport mais forte com alguém. Não deixe que as oportunidades sejam determinadas pelo acaso, passe a criá-las e tenha controle sobre elas.

Exercícios de fixação

1- Escolha ao menos três pessoas no seu ambiente profissional ou pessoal e defina quais os passos para se criar maior rapport com esta pessoa.

2- Como podemos criar rapport com uma pessoa de perfil fogo? Explique.

3- Como criarmos rapport com uma pessoa de perfil água? Explique.

Capítulo 5

Comunicação

A comunicação faz parte do nosso cotidiano, tantos os animais quantos os seres humanos a usam para trocar informações e interagir no meio em que estão inseridos. Isso é algo fundamental para sobrevivência, pois você pode tomar conhecimento de situações que ainda não vivenciou através da experiência relatada por outra pessoa. Qual seria a vantagem disso? Poderia servir para se prevenir e ter menor probabilidade de cometer os mesmos erros. Por exemplo, se um amigo lhe contasse que determinada marca de produto não é boa você iria comprá-la? Se já "sabe" desse fato, provavelmente não iria arriscar, pois você possivelmente já passou alguma situação como a dele e não foi nada agradável.

Seria somente uma questão de sobrevivência, então? A resposta é não. Ela também serve para nos desenvolvermos dentro da sociedade, fazermos parte de um grupo e suprirmos a necessidade de aceitação, adquirirmos conhecimentos, afeto, segurança, conseguir um parceiro amoroso, um trabalho, dentre outros.

Provavelmente, todos conhecem a palavra comunicação, mas qual seria sua definição? Para que a comunicação aconteça é necessário que existam duas partes: Uma que enviará a mensagem e outra que receberá a mensagem. Então, de forma simples, comunicação é o ato de enviar e receber mensagens.

Comunicamo-nos de duas formas:

1 - Comunicação informativa - Aquela em que uma das partes envia a mensagem e a outra apenas recebe. O que isso quer dizer? Quer dizer que não há interação entre as partes, não há participação de quem recebe a mensagem. Por exemplo, um gerente fala para seu colaborador que ele deve fazer determinada tarefa, este por sua vez acata a ordem e realiza o trabalho.

2 - Comunicação participativa - Aquela em que as duas partes enviam e recebem mensagens, compartilhando pontos de vista para chegarem ao entendimento. Por exemplo, aquele mesmo gerente agora informa seu colaborador para fazer determinada tarefa, mas também pergunta qual seria a melhor forma de fazê-lo. Este, por sua vez, irá responder e participar. A conversa será finalizada quando ambos estiverem com o mesmo entendimento.

Podemos receber mensagens de diferentes formas, através da fala, da linguagem corporal, da escrita, da música, de um símbolo, desenho, das cores etc. Por exemplo, você saberia dizer qual é a mensagem existente em um raio desenhado em um equipamento elétrico? Qual é a mensagem que a cor vermelha de um semáforo fornece? Acredito que se lembrou do significado e sabe a resposta.

Por que nem sempre entendemos o que nos comunicam? Neste ponto precisamos entender que há outro fator envolvido na mensagem, algo que é essencial, qual seu palpite? Além da mensagem enviada, que outro fator poderia ser tão relevante? Lembre-se disso, a forma com que você envia a mensagem é tão ou até mais importante que a própria mensagem em si. Por exemplo, se alguém lhe diz "estou calmo" e se comporta de maneira agitada, fala de forma rápida, sua respiração é ofegante, qual seria sua interpretação? Acredito que diria que essa pessoa está nervosa. Sabe por quê? Porque não usamos apenas as palavras para nos comunicarmos.

METAMODELO

O metamodelo é a forma como as experiências e seus respectivos significados estão registrados nas pessoas. Elas expressarão essa forma através das palavras, porém, nem sempre corresponderá ao que realmente está registrado dentro delas. É neste ponto que usamos o metamodelo para conseguir entendê-las melhor. Por exemplo, se alguém lhe diz "gosto de chocolate", você sabe a qual tipo de chocolate ela se refere? Claro que não, pois esse comentário não fornece muitos detalhes e existem inúmeros sabores. Então, como o metamodelo pode ajudar? Como uso o metamodelo? O metamodelo o ajudará a buscar os detalhes para saber a que tipo de chocolate ela se refere através de perguntas, isso mesmo, fazendo perguntas.

Lembra-se do primeiro capítulo, que informa que em nossa fala existem distorções, eliminações e generalizações? E que nossa comunicação é superficial, levando em conta que existe algo mais profundo que permite entender realmente o significado? Pois bem, através de perguntas podemos passar pela comunicação superficial e entender o que está abaixo dela. Voltando ao exemplo, poderíamos perguntar: "Qual tipo de chocolate?", "Mais doce ou amargo?", "Branco ou preto?" A partir disso você conseguirá entender melhor o que a frase "gosto de chocolate" significa para a pessoa.

O mais importante é entender o significado que a pessoa tem sobre determinada frase e não o seu significado sobre a mesma. O que isso significa? Significa que algo considerado bonito para um pode ser totalmente o oposto para outro, sendo assim, causaria conflito na comunicação quando levamos em consideração apenas nossas próprias opiniões.

Dica: As palavras têm significados diferentes de pessoa para pessoa.

Você também pode usar a ferramenta 5W2H para entender o modelo de mundo da outra pessoa e formar uma boa estratégia para sua abordagem.

W - What - O quê?

W - Why - Por quê?

W - Where - Onde?

W - When - Quando?

W - Who - Quem?

H - How - Como?

H - How Much - Quanto custa?

Já pensou em como poderia melhorar sua comunicação se soubesse O quê?, Por quê?, Onde?, Quando?, Quem?, e Como? Sem dúvidas será muito melhor.

Outro ponto importante sobre o metamodelo é que fazendo perguntas irá enriquecer a comunicação de ambas as partes e seus mapas mentais, e falando nisso, um dos objetivos que deve ter em mente é que sempre deve enriquecer o mapa mental da outra pessoa. O que isso quer dizer? Quer dizer que, mesmo que a solução não seja encontrada, outras opções podem surgir dentro do pensamento e a façam ter uma nova visão.

COMO MELHORAR A COMUNICAÇÃO
Ouvir

Você já teve de falar mais de uma vez para ser ouvido? Conhece alguma situação semelhante? Caso sua resposta seja sim, tem grande chance de que quem estava recebendo a mensagem não estivesse ouvindo. Além de não prestar atenção, perder detalhes, não compreender a conversa, você ainda irá demonstrar desinteresse se fizer isso.

Às vezes encontramos pessoas que estão tão focadas nas suas próprias opiniões que nos interrompem constantemente, a necessidade de falar é maior, esperam qualquer oportunidade para contarem alguma coisa sobre elas. Mas, e como fica? Depois disso, a vontade pode ser de dizer "ei, fecha a boca, é a minha vez de falar, espere a sua".

Como você irá participar da conversa se não está ouvindo? Imagine que você contou um evento importante que lhe aconteceu recentemente e então pergunta "o que você acha sobre isso?", então, a resposta vem em forma de outra pergunta como "sobre o quê?", "do que você estava falando?" Ou se estivesse falando que estava triste porque sua tia está internada no hospital com câncer, então, quando pergunta se ele já teve uma situação parecida, a resposta vem como "acho legal"? Consegue imaginar como seria a situação?

Ouvir é muito importante para interagirmos, pois, além de compreendermos o que está sendo transmitido, também estaremos enviando a mensagem de que "sua história é importante, pode me contar", ou seja, valorizando a outra pessoa.

Prestar atenção e participar

Além de ouvir, é necessário prestar atenção e participar da conversa. Enquanto alguém fala com você, preste atenção aos detalhes, quando responder, tente incluir sua experiência na história para aumentar o rapport, mas lembre-se: logo depois o deixe continuar. Por exemplo, alguém diz "fui promovido no trabalho", então você responde "que ótima notícia, parabéns! passei por isso uma vez, me conte mais". Percebeu? Você conseguiu participar sem interromper, pois encontrou algo em comum (aumentou o rapport) e o deixou continuar.

Outra forma de prestar atenção e participar é fazendo perguntas de final aberto, ou seja, perguntas que evitam a pessoa responder apenas "sim" ou "não". Voltamos ao exemplo anterior, você poderia dizer "como foi isso?", "por que você conseguiu a promoção?" etc., então, a pessoa teria de contar mais detalhes sobre o assunto e a conversa iria durar mais tempo.

Saiba que para cada tipo de conversa existe um ambiente adequado

Você conversaria sobre planejamento financeiro com seu colega de trabalho em um show de teatro? Quais as chances de obter sucesso? Realmente são baixas, pois o ambiente não é adequado para este tipo de conversa. Provavelmente ele não conseguiria manter o foco, ouvi-lo, o entendimento seria dificultado, e mesmo que ele lhe respondesse, não conseguiria lhe fornecer a melhor estratégia devido à falta de atenção e interferências que o ambiente proporciona.

Quando nosso assunto não combina com o ambiente, geralmente recebemos respostas rápidas, ou seja, existe uma grande vontade de acabar logo com o assunto por parte de quem recebe a mensagem. Como estamos fora do contexto adequado, possivelmente iremos ouvir coisas do tipo "tem que ser agora?", "depois eu vejo", "podemos conversar outra hora?"

Logicamente, pode-se conseguir o que se quer, mas isso será trabalhoso e desgastante. Você também poderá ser tachado de inconveniente, o que pode acarretar consequências graves. Na próxima vez que tentar se comunicar com alguém, devido a já ser visto como inconveniente, poderá ser recebido com resistência e ter dificuldade em ser ouvido. Por isso, escolha sempre o local adequado para discutir os assuntos.

Um assunto de cada vez e através de ideias organizadas

É comum durante uma reunião surgirem outros assuntos que não são o foco principal, causando distorções, desentendimentos, improdutividade etc., e no final não se sabe o que realmente foi discutido. Por exemplo, começam a falar sobre plano de carreira e terminam com assuntos da cadeia produtiva. Possivelmente, em algum ponto da reunião este assunto foi mencionado e deram andamento para aproveitar a oportunidade, porém, usar o tempo de um assunto para outro não é nada produtivo, pois nenhum dos dois será finalizado e terão dois problemas para resolver.

Antes de começar um assunto novo lembre-se de terminar o primeiro, enquanto isso não ocorrer, continue até chegarem a um acordo. O risco de misturar assuntos e entender errado aumenta, e quanto maior desentendimento, maior será a probabilidade de cometerem enganos. Então, se a discussão está tomando um rumo diferente, faça com que volte ao tema central, caso contrário, o tempo usado será desperdiçado.

Organize as ideias com um começo, meio e fim e informe qual é o objetivo daquilo tudo, quais são os passos para chegar ao resultado desejado e discorra sobre cada um deles. Boa parte da confusão no entendimento pode ser causada justamente porque a mensagem está sendo passada de maneira confusa.

O estado emocional que vemos nos outros é o reflexo do estado emocional do que transmitimos

Já percebeu que quando uma pessoa fala mais alto a outra tende a aumentar o volume de sua voz também? Quando uma pessoa começa a ficar com medo isso afeta os demais que até então estavam tranquilos? Então, o que você acha que aconteceria com outra pessoa se você ficasse nervoso quando tentasse enviar uma mensagem? Possivelmente o deixaria nervoso também.

Em 1994 um grupo de neurocientistas da Universidade de Parma, na Itália, descobriu que os seres humanos possuem um neurônio que certamente podemos afirmar que tem grande influência em nossa comunicação. Ele foi nomeado como neurônio-espelho. Esse neurônio, de forma simples, tem a capacidade de nos fazer imitar mentalmente todas as ações motoras que observamos em outras pessoas. Por exemplo, quando você vê alguém sorrindo, mentalmente você imitará esse comportamento. Já aconteceu de ver alguém bocejando e em seguida você também bocejar? Então lhe pergunto: o que aconteceria se alguém visse você se comportando de forma confusa? Mais do que imitar mentalmente, tentamos entender o significado do que observamos. Lembre-se, se ensaiamos mentalmente, consequentemente isso influenciará nosso comportamento.

O que estamos querendo dizer aqui é simples, seu estado emocional será sentido por aqueles que recebem a mensagem, não importa se é bom ou ruim, irá afetá-los. Por exemplo, um palestrante vem e lhe diz que seus ouvintes estavam desanimados, mas ao conversar com um deles recebe a informação de que o palestrante parecia desmotivado, ou seja, tudo começou com ele.

Qual tipo de comportamento quer que seus ouvintes tenham? Lembre-se: eles são reflexo do seu próprio comportamento.

A forma com que se comunica irá variar de acordo com quem irá receber a mensagem

Da mesma maneira que existe um ambiente mais adequado para cada tipo de conversa, também existe uma forma de se comunicar com cada pessoa. Por exemplo, se usasse termos técnicos jurídicos para um leigo, provavelmente teria de explicar cada termo, caso não fizesse, sua mensagem não seria recebida com sucesso. Então, do que adiantaria falar com todo esse rigor se quem precisa conhecer sobre o assunto não conseguiu entender nada?

Conhecer com quem irá se comunicar é um ponto importante, afinal, é ela quem precisa compreender. De acordo com seu conhecimento sobre a outra pessoa, será a forma com que irá transmitir a mensagem. Então vem a pergunta: "E seu eu não sei nada sobre ela"? Construa um argumento com termos simples, seja claro e objetivo, fale como se estivesse explicando para alguém que não conhece nada sobre o assunto. Durante a comunicação, você irá perceber qual é o grau de conhecimento existente, assim, poderá ir adaptando a forma como fala até encontrar uma mais adequada.

Preste atenção nas palavras que a outra pessoa usa e como está se comportando, qual seu ritmo da fala etc., simplesmente tente usar estes mesmos padrões para moldar sua maneira de se comunicar e criar mais sintonia entre vocês. Se usar o mesmo padrão, possivelmente terá maior sucesso.

> "Se você não consegue explicar algo de modo simples
> é porque não entendeu bem a coisa." (Albert Einstein)

Faça com que haja participação

Cada um de nós tem uma visão de mundo diferente, o que parece simples para um pode ser extremamente difícil para outro. Tendo isso em mente, então, como podemos ser mais eficientes na comunicação? Fazendo com que haja participação. Isso não quer dizer apenas receber como resposta coisas como "humm", "ahh" etc., pois se você perguntar "me explique o que você entendeu?" pode ser que o silêncio predomine.

A participação que deve existir é a seguinte: deixar quem recebe a mensagem conduzir a conversa às vezes. Por que isso é necessário? Acabamos de falar que cada um de nós tem uma visão de mundo diferente, então, podemos estar dizendo uma coisa e a pessoa estar imaginando outra. Por exemplo, "meu filho plantou bananeira ontem", essa frase pode fazer alguém imaginar uma criança de cabeça para baixo se equilibrando com as mãos apoiadas no chão, como também, de uma criança fazendo um buraco na terra e plantando uma árvore.

Quando você faz alguém participar da conversa tem a oportunidade de descobrir como ela está entendendo. Caso fale algo que não se encaixe no que tentou explicar, terá a chance de dizer "não foi isso que quis dizer" e tentar uma nova forma. Quem melhor que ela própria para assimilar as ideias de acordo com sua experiência de vida? Dessa forma, as chances de compreensão são maiores, pois não envolverão somente referências e visão de mundo da sua parte.

Quando terminar a conversa você não irá apenas "achar" que ela entendeu, terá a certeza de que isso ocorreu.

Respeite a opinião dos outros e seja educado

Isso é fundamental para um bom relacionamento, aceitar que seu ponto de vista não é o único existente no mundo. Isso não quer dizer concordar, mas, sim, respeitar outra opinião. Já aconteceu de alguém querer convencê-lo de algo a todo custo? Como foi a situação? Acredito que nada agradável.

Se você discorda de algo, simplesmente respeite aquele ponto de vista e não insista. Mudar uma opinião é muito difícil, ainda mais quando existem somente argumentos lógicos envolvidos. O que quero dizer com isso? Quero dizer que as pessoas só mudam quando sentem a necessidade de mudar, e isso não ocorre através de um pensamento racional. Por exemplo, todos diziam que um colega deveria fazer dieta, passaram dezenas de informações, mas nunca adiantou. No entanto, certa vez sofreu ataque cardíaco e quase morreu, assim, passou a cuidar mais da saúde. Ele não sabia que isso poderia acontecer? Claro que sabia, mas sentia necessidade de mudar? Não.

Seja sempre educado, termine cada conversa de maneira amigável, não tente convencer alguém a qualquer custo, as pessoas acreditam saber o que é melhor para elas e não gostam que digam o que devem fazer, com isso, manterá sempre um clima agradável quando reencontrá-los e a comunicação não terá barreiras.

ALGUNS PONTOS QUE PODEM DIFICULTAR A COMUNICAÇÃO

1- **Não conhecer sobre o que está sendo discutido:** como poderá se comunicar de forma eficaz se não conhece o assunto? Nestes casos é melhor assumir que não sabe nada do que fingir ser especialista.

2- **Presumir que já sabem do que está falando:** se um assunto for discutido presumindo que todos já sabem do que se trata, pode causar dificuldade no entendimento. É necessário se certificar de que todos já sabem e jamais presumir.

3- **Falta de paciência:** não explicar mais de uma vez, não esclarecer as dúvidas que existem, deixar entendimentos distorcidos. Explique quantas vezes for necessário.

4- **Pressupor que a outra pessoa não vai entender:** se estiver com isso na cabeça, não fará nenhum esforço para explicar, afinal, você já "sabe" que não adianta. Erro grave, se alguém não entende, a responsabilidade é sua por não conseguir passar a mensagem de forma adequada.

5- **Limitação de quem recebe a mensagem:** os termos usados podem não ser comuns para quem recebe a mensagem, o assunto pode não ser familiar, pode haver limitação física, mental etc. Isso reflete diretamente na capacidade de entendimento.

6- **Distração:** a mensagem pode estar sendo passada de forma adequada, porém, quem a recebe não está focado, seu pensamento está divagando etc., ou seja, não está absorvendo nenhuma informação.

7- **Interferências:** por exemplo, locais com muito barulho, desorganização, movimentação de pessoas, interrupções etc. Cada um destes fatores atrapalha a comunicação.

8- **Incongruência entre a fala e o corpo:** nossa comunicação não é apenas o que falamos, mas, também, a forma como agimos e movimentamos nosso corpo. "Faça o que eu digo e não o que eu faço" não serve, lembre-se de que as pessoas também nos julgam por nosso comportamento. Agir de maneira correta é mais impactante do que falar de forma correta nesse caso. Se notarem que seu corpo está enviando uma mensagem diferente do que está dizendo, sua credibilidade será prejudicada e sua comunicação falhará.

9- **Falar sem variação no tom de voz:** falar somente em determinado tom de voz pode gerar monotonia. Varie o tom de voz para transmitir emoção, assim, poderá prender a atenção de quem está ouvindo.

10- **Não cuidar da higiene pessoal:** ninguém gosta de estar próximo de alguém com odores desagradáveis, roupas sujas, mau hálito etc., então, como vai conseguir transmitir uma mensagem se não querem ouvi-lo?

11- **Excesso de formalidade ou informalidade:** muita formalidade pode gerar desconforto e evitar a proximidade entre as partes. Muita informalidade pode gerar falta de credibilidade, podendo até ser interpretado como desrespeito. Ideal é saber se adaptar ao ambiente. Quanto mais intimidade houver, mais informal será a conversa, quanto menos intimidade, mais formalidade existirá.

12- **Não ter boa dicção:** não pronunciar as palavras de forma correta e em tom que as pessoas escutem pode fazer com que tenha de repetir diversas vezes a mesma coisa.

13- **Falta de flexibilidade:** isso quer dizer transmitir a mensagem de maneira limitada. Se algo não foi entendido, não importa quantas vezes o repita, se continuar usando o mesmo método irá conseguir os mesmos resultados.

NÃO IMPORTA O QUE VOCÊ DISSE, MAS, SIM, O QUE ENTENDERAM

Quando tentamos transmitir uma mensagem temos em nossa mente uma estrutura, já sabemos o que queremos dizer, pois para nós essa ideia está clara. O problema é que nem sempre conseguimos passar de forma clara. Seria muito mais fácil se quem recebe a mensagem pudesse ler nossos pensamentos, mas essa tecnologia ainda não foi inventada.

De forma simples, podemos destacar alguns pontos do processo de comunicação entre duas pessoas:

Quem envia a mensagem:
- A mensagem que quer enviar
- Como a enviou
- O que achou ter enviado
- O que achou que a outra pessoa entendeu

Quem recebe a mensagem:
- O que recebeu
- O que achou ter recebido
- O que entendeu ter recebido

Perceba quantos fatores estão envolvidos quando tentamos nos comunicar. Passamos uma mensagem baseada em nossa perspectiva e quem recebe interpreta com outra. Qualquer distorção nesse processo pode acarretar em desentendimentos. É comum em um ambiente de trabalho encontrar situações como essa.

Por exemplo:
- **Pessoa 1:** "Já falei que precisava do relatório e você ainda não fez?"
- **Pessoa 2:** "Ainda não fiz, por que não falou que era urgente?"
- **Pessoa 1:** "Mas você sabia que era urgente."
- **Pessoa 2:** "Você não disse nada."
- **Pessoa 1:** "E precisava dizer?"

A pessoa 1 disse precisar do relatório, não informou que era urgente porque já pressupôs que a outra sabia disso, pois na perspectiva dela isso estava claro. Já a pessoa 2, sabia que deveria fazer o relatório, mas, como não foi informada de que era urgente, entendeu que poderia entregar outro dia. A partir deste exemplo simples, podemos perceber que o resultado da discussão não foi causado pela mensagem enviada, mas, sim, pela mensagem entendida.

Analisando o caso acima, quem você responsabilizaria? Lembre-se, a responsabilidade será sempre de quem envia a mensagem. Por este motivo, devemos ter certeza de que a mensagem foi entendida de acordo com nossa intenção de transmiti-la. A pessoa 1 teve a chance de verificar e se certificar de que a pessoa 2 entendeu que o relatório era urgente, porém não fez, ao invés disso, deduziu a situação. A pessoa 2 não tem controle sobre o que a outra pensa e não poderia adivinhar o que ela realmente queria dizer. Foi a falta de esclarecimento que gerou esse problema.

A comunicação pode aproximar ou distanciar as pessoas, pode ocasionar uma guerra ou gerar parcerias. Nunca saia mal interpretado de uma situação, use mais dois minutos e esclareça novamente, a responsabilidade sempre será sua, então, assuma esse compromisso consigo mesmo de garantir que a mensagem seja entendida.

Quantos problemas existem, tanto na vida particular quanto na profissional, muitos deles frutos de uma comunicação empobrecida. Volte ao capítulo dos pressupostos e releia o sétimo pressuposto que diz: "O significado da sua comunicação é a reação que você obtém".

Exercícios de fixação

1- Com base no exposto neste capítulo, quais os principais cuidados que você deve ter ao se comunicar com outras pessoas?

2- Use o metamodelo para enriquecer o mapa mental de um interlocutor que faz as seguintes afirmações:

a) Ninguém me entende

b) É impossível ter uma boa relação com o departamento financeiro

c) Quando eu me levantar, as pessoas serão críticas comigo

d) Eu não sei fazer aquilo

e) Meu líder é rígido comigo

Capítulo 6

Persuasão

A comunicação é uma das coisas mais importantes para conseguirmos expressar uma ideia e a introduzirmos para as pessoas ao nosso redor, porém, nem sempre isso basta. Podemos ter um conhecimento muito grande sobre aspectos técnicos, comunicar de maneira correta, e mesmo assim não "comprarem" a ideia que transmitimos. Logo nos perguntamos "por que não consegui?", "O que faltou?" Neste momento percebemos que, apesar da comunicação adequada, não convencemos.

O que seria esse "convencer"? Significa persuadir alguém a aceitar uma ideia através de argumentos e razões com fundamentos adequados. Ter flexibilidade é fundamental para conseguir persuadir, pois em muitos casos será necessário adaptar de imediato seu discurso para usar informações que surgem durante a discussão. Você precisa saber aonde quer chegar, porém, se fizer um roteiro e segui-lo à risca, não conseguirá trabalhar com as adversidades que poderão surgir.

Por que é importante ser flexível? Simplesmente porque cada situação tem sua peculiaridade, só porque sua estratégia funcionou uma vez não significa que ela funcionará novamente em outra ocasião. Sua estratégia pode ter funcionado porque as condições daquele momento foram favoráveis e contribuíram para o resultado positivo, mas e quando as condições são diferentes? Por exemplo, você pode trabalhar muito bem com gráficos e planilhas, porém, quando precisar construir um texto, continuará fazendo gráficos e planilhas? Logicamente não.

Você só conseguirá fazer alguém acreditar em algo se também acreditar, pois, se você pensa o contrário, poderão perceber que está sendo incongruente e não conseguirá finalizar seu objetivo. Se você não tiver isso em mente, é melhor pensar em algo diferente. É importante encontrar algo em que acredite, pois conseguirá transmitir uma energia maior e não irá desistir tão facilmente quando ocorrem problemas, ao contrário, persistirá até conseguir o que deseja.

Outro ponto necessário é o conhecimento, pois poderá haver questionamentos sobre o que está tentando fazer os outros acreditarem, sendo assim, que tipo de credibilidade conseguiria se sua resposta para uma das perguntas fosse "não sei"? Poderia ser qualificado como "aquele que não sabe o que diz". Sanar uma dúvida é sinônimo de eliminar uma barreira criada, já não responder é sinônimo de reforçar essa barreira.

Prestar atenção aos detalhes quando está ouvindo outras pessoas, por que isso seria importante? Porque geralmente você conseguirá conhecer quais são suas necessidades, pois atrás de cada reclamação há algo que não está sendo preenchido, ou seja, há uma insatisfação embutida. Não só quando reclamam, mas também quando procuram algo que desejam. Se alguém lhe descreve como é sua família, sua rotina, seu trabalho etc., você pode aprender em quais pontos poderá ter mais probabilidade de persuadi-lo.

Por exemplo, digamos que alguém lhe informe que tem três filhos, dois cachorros grandes, é diretor de uma empresa multinacional e gosta de viajar com a família, que tipo de informações já poderia ter? O fato de ter três filhos pode remeter que onde mora tem bom espaço interno, dois cachorros de grande porte poderia significar que ele não mora em apartamento, mas em uma casa com quintal. Ser diretor de uma empresa multinacional quer dizer que ele tem boas condições financeiras, então, conseguiria comprar uma casa grande com quintal em algum bairro mais sofisticado, ou seja, ele não mora em apartamento no centro da cidade. Esse tipo de moradia é difícil de encontrar nesse local. Sendo um diretor, também poderíamos dizer que ele tem muitas responsabilidades e pouco tempo disponível, o que pode justificar gostar de viajar com a família, pois, como nem sempre faz isso, tenta compensar de alguma forma o tempo ausente. Se ele tenta aproveitar os raros momentos com a família, vender algo que associe o bem-estar e presença com sua família seria uma opção interessante.

Lembrando que as hipóteses acima não são comprovadas, você apenas prestará atenção em tudo o que está ocorrendo no ambiente para formar a melhor estratégia possível para chegar ao seu objetivo. Não é questão de ser um "vidente", mas, sim, de prestar atenção.

Por que vender algo que associe a família? Porque estaríamos usando um fato que envolve sentimentos, e isso é o que mais nos impulsiona a fazer as coisas. Quando agimos tomados de sentimentos muitas vezes só pensamos depois, a partir daí surgem frases como "fiz sem pensar". Conheço muitas pessoas cheias de dívidas que fizeram financiamentos mesmo sabendo que não tinham condições, pois o calor do momento e os sentimentos envolvidos ultrapassaram a razão, não os deixaram pensar se conseguiriam pagar, ao contrário, o impulso foi de satisfazer suas necessidades momentâneas sem maiores considerações.

Preste atenção em tudo que acontece ao seu redor, pois de uma maneira ou de outra quem você precisa persuadir fornecerá todas as informações de que precisa. Compreenda como ela está vivenciando determinada situação e entre nesse mundo, trabalhe para acompanhar e aos poucos introduzir informações para chegar a seu objetivo. Após acompanhar, conduza o rumo da conversa com sutileza usando as informações que recebeu, mas lembre-se, tome cuidado e seja discreto, ninguém gosta de ser "manipulado", se a pessoa perceber isso, ou melhor, se entender dessa forma, será muito difícil reverter a situação.

ALGUMAS DICAS PARA PERSUASÃO
Rapport

O Rapport, como já havia comentado, é uma das coisas mais importantes para que haja sintonia entre duas pessoas. Se você quer persuadir alguém, quer dizer que será necessário passar determinado tempo com ela, mas, se não houver proximidade entre vocês, dificilmente conseguirá criar uma conexão que a faça aceitar sua ideia.

Quando conseguir o rapport pode começar a participar mais da conversa e influenciar a outra pessoa usando as informações que ela mesma lhe forneceu. Sua função é acompanhar e se certificar de que o rumo da discussão está seguindo para seu objetivo. Quando ouvir uma mensagem você pode dizer "entendo" e repetir o significado usando outras palavras. Como, por exemplo, alguém diz a você: "Só eu que tenho de fazer tudo neste escritório, vem você e me diz que tem mais coisas ainda, não vou conseguir fazer", como faria nessa situação? Poderia dizer "comigo também acontece isso, imagino como se sente, eu o entendo", após, ouvir um pouco mais sobre a reclamação dela, somente para que ela perceba que "alguém lhe dá ouvidos" e produzir o sentimento de que "ele me entende". Se conseguiu a conexão, agora você pode conduzir dizendo: "Se precisar de alguma informação sobre isso que lhe deixei pode me ligar que vou lhe ajudar".

O que você conseguiu com isso? Primeiro o rapport, ouviu as reclamações sem questionar, disse que passa pela mesma situação, ou seja, vocês são semelhantes, passam pelos mesmos problemas, se entendem etc., esse "algo em comum" faz uma conexão. Depois, ouviu o que tinha a dizer, não importa o que era, se ela precisava disso, você a ajudou a liberar essa carga emocional negativa. Por fim, deixou o que precisava com ela, pois, como ela iria recusar após ter sido "gentil", entendê-la, e ainda oferecer ajuda? Tudo começou com o rapport, por este motivo pode entrar no mundo dela e persuadi-la a fazer o que precisava.

Door in the face
Para realizar essa técnica é necessário fazer dois pedidos. O primeiro será de algo muito maior do que seu objetivo, algo difícil de ser aceito. Este é o principal ponto, fazer com que o primeiro pedido seja recusado. Em seguida, após recusarem, aí sim você faz o pedido daquilo que era realmente seu objetivo verdadeiro.

Por exemplo, você precisa de dez minutos com seu colega de trabalho, mas ele nunca tem tempo disponível. Então você chega e diz: "Você tem uma hora para discutirmos o assunto?", então, receberá como resposta "não". Em seguida você faz outro pedido, que comparado ao primeiro é muito menor e mais fácil de ser realizado. Você perguntará: "Entendo, então você teria apenas dez minutos para uma conversa rápida?"

Quando recusamos algo possivelmente será gerado um sentimento de culpa, e por menor que seja ele existirá. O outro motivo é que, comparado ao primeiro pedido, o segundo é muito menor e mais fácil de ser realizado. Estes dois elementos combinados, a necessidade de compensar pela culpa que sente e por ser um pedido fácil de ser realizado, faz com que a pessoa aceite o segundo pedido. Então, você irá conseguir aquilo que era seu objetivo deste o princípio.

Foot in the door

Esta técnica também é usada através de dois pedidos, porém, um será de algo muito fácil de ser realizado e que dificilmente será recusado, então, em seguida, surgirá o pedido verdadeiro, que é algo mais difícil de fazer.

Por exemplo, você precisa fazer o cálculo de uma planilha e está sem tempo, pede a um colega que lhe ensine como fazer uma fórmula simples no computador. Após, introduz sua planilha e pergunta se ele consegue fazer mais alguns cálculos, fazendo com que toda sua tarefa seja realizada por ele.

Quando aceitamos algo, por menor que pareça, por trás, um compromisso também está sendo gerado. Em seguida, a probabilidade de aceitarem um novo pedido é maior devido a este compromisso entre vocês pré-estabelecido. É neste momento que você introduz seu verdadeiro objetivo.

Graduando seu pedido

Esta técnica é usada através de vários pedidos de maneira gradual, primeiramente é solicitado algo muito simples de ser realizado e, aos poucos, introduzimos outros pedidos mais complexos, sempre um mais difícil que o outro até chegar ao seu objetivo final.

Por exemplo, você precisa revisar um relatório para apresentar à gerência e não há tempo, então, pede para alguém verificar se há erros ortográficos no texto, em seguida, pede para ler o texto e verificar se tem erros de concordância ou repetições, no final, solicita para opinião o que acha do texto e informar onde poderia ser melhorado. Concluindo estas etapas, você terá um texto totalmente revisado.

Importante fazer isso de forma sutil e, à medida que for conseguindo seu objetivo, elogie, agradeça etc., mande mensagens positivas que aumentem a autoestima da pessoa e sua importância naquele processo. Dessa forma, a resistência para fazer uma nova tarefa será minimizada, já que ela não irá querer perder o perfil de pessoa inteligente, importante etc., ou você conhece pessoas que não gostam de se sentirem assim? São raras as vezes em que isso acontece e damos muito valor a isso.

Incentive com elogios e nunca brigue

Um poderoso incentivador para continuarmos a fazer as tarefas é o elogio. Seria como um ciclo, irá fazer uma tarefa, receber o elogio e se sentir bem. Até este ponto tudo bem, mas e quando ela sentir a necessidade de ser elogiada novamente? Neste momento outra tarefa poderá ser direcionada, afinal, é através disso que ela irá conseguir o que deseja. Você somente usa algo que ela deseja como meio de conseguir o que quer.

Se fizer um elogio publicamente, isso também será uma atitude bem recebida. Além de a pessoa elogiada se sentir bem, as outras a invejarão por isso, irão querer o mesmo tratamento, logo, serão motivadas a desempenharem melhor suas funções. A complexidade dos seus pedidos poderá aumentar ao longo do tempo.

Mas e quando alguém comete um erro? Temos duas situações, uma em que a pessoa não se importará com o erro e outra na qual ficará preocupada.

Para a que não se importará será necessário uma atitude mais direta para fazê-la criar senso de responsabilidade, como ela não se importa, você precisa criar esse sentimento nela e conscientizá-la. Tudo de forma educada, calma, respeitosa, e o mais importante, somente entre vocês dois. Caso faça isso em público, poderá constrangê-la e prejudicar a relação.

A pessoa que fica preocupada já está criando em sua cabeça todas as consequências possíveis que receberá, desde uma bronca até uma demissão, ela mesma já está se punindo, sua consciência a fica cobrando de diversas maneiras. Nada do que você fizer causará um dano maior do que ela já está causando, sendo assim, chamar atenção pelo erro de maneira ofensiva não adiantará, ela já sabe do erro que cometeu e se cobra por isso. Nessa situação você faz o contrário, não chama a atenção, apenas pergunta como será possível resolver e se ela precisa de ajuda. Com essa atitude você a traz para perto, é como se um sentimento de lhe dever algo ficasse impregnado em seu interior porque ao invés da bronca que esperava você a tratou bem, ou seja, ela sempre fará o melhor para compensar essa falha e a probabilidade de recusar algum pedido futuro será menor.

Lembre-se: se brigar com alguém o estará distanciando, se for educado e compreensivo, o estará trazendo para perto.

Você pode gerar sentimentos

Todos nós já experimentamos os mais variados sentimentos, sendo assim, se perguntar a alguém se já teve medo e ele lhe contar como foi a situação, possivelmente ele irá reviver aquele momento e seu corpo irá reagir de acordo com o medo. Você por sua vez iria acompanhar e em algum ponto sentir medo também, logicamente que em intensidade diferente. Já reparou que quando estamos na presença de alguém que só conta sobre tragédias tendemos a ficar com sentimentos negativos e quando estamos com pessoas alegres isso nos contagia? Este é um dos motivos.

Lembre-se de que em nosso cérebro existem neurônios-espelho que servem como uma espécie de reprodutor de ações. Isso nos faz imitar mentalmente tudo o que acontece ao nosso redor. Quantas vezes alguém bocejou perto de você e se pegou fazendo o mesmo quase no mesmo instante? Pensando dessa forma, o que aconteceria se entrássemos eufóricos, alegres, calmos, sorrindo, chorando e etc. em um ambiente? Você poderia gerar estes sentimentos de propósito.

Cada vez que tomar determinada atitude lembre-se de que as pessoas irão refletir o que estão vendo, então, não há como cobrar calma de alguém se você estiver em pânico. Tenha controle sobre como está agindo e perceba como é a reação das pessoas ao seu redor, controle seus sentimentos e os use a seu favor.

Não entre em discussões

É difícil se comunicar quando estamos discutindo, ou ao menos as chances de sermos ouvidos diminui de maneira considerável. Em alguns casos, os argumentos já não são levados em consideração, o que se presencia na verdade é apenas a defesa dos pontos de vista e preservação do ego, afinal, ninguém quer aceitar a opinião do outro porque isso significaria admitir estar errado.

Ao invés de entrar em conflito, perceba como o ponto de vista da outra pessoa está formado e encontre uma forma sutil de embutir suas ideias. Você também poderá usar as perguntas abertas para desafiar as generalizações, distorções e eliminações que existem no argumento.

Por exemplo, se alguém lhe diz que "nunca (generalização) fizeram isso antes e não irá funcionar (distorção e eliminação)", então, poderia perguntar para quebrar a generalização: "Você conhece todas as pessoas da empresa para saber que nunca tentaram isso?" Para quebrar a distorção: "Só porque uma vez não deu certo quer dizer que não irá funcionar desta vez? Você aprendeu a andar logo na primeira vez em que ficou em pé ou caiu alguma vez?" Para quebrar a eliminação: "Poderia me explicar detalhadamente como fizeram e por que não deu certo?" Cada vez que a pessoa não souber como responder, seu argumento será enfraquecido, a partir daí, você poderá colocar mais argumentos a seu favor.

Fale o mesmo resultado com palavras diferentes

Vamos analisar a seguinte frase: "Eu não menti, apenas não disse toda a verdade". Entende como é diferente dizer uma mentira e não contar toda a verdade? O problema causado por isso pode ser o mesmo, porém, a maneira como foi dito é diferente. Em uma situação como esta ninguém poderia dizer que mentiu.

Foi um exemplo exagerado, porém, isso é comum acontecer no ambiente corporativo. Por exemplo, se você será o portador de notícias ruins para um conselho administrativo e sua função é informar que a empresa teve baixo rendimento, as palavras que usar serão o fator principal para a reação das pessoas. Você poderia dizer: "A fábrica teve queda e prejuízo de doze por cento no mês passado". A palavra prejuízo é muito forte e nenhum dono de empresa gosta de ouvi-la. Se você mudasse a frase para "a produção da fábrica mês passado foi menor e nosso lucro foi de doze por cento menor". Você disse a mesma coisa, porém, de formas diferentes. Entre a palavra prejuízo e lucro menor, qual causaria menos impacto negativo? Não é que perderam, mas, sim, que deixaram de ganhar.

Quando for persuadir alguém tente usar palavras que não causem impactos negativos, explique de uma maneira diferente para que as emoções do momento não tomem conta da discussão e causem problemas na comunicação.

Adquira o máximo de informações possíveis e controle-se

Essa é uma importante atitude quando tentamos persuadir alguém, deixar que se sinta no controle. Uma das vantagens é que você apenas irá absorver informações e não se manifestar até conseguir uma brecha adequada para seu argumento. Quanto mais falarem, mais informações você terá para responder na hora certa.

Outra vantagem é a de que você poderia argumentar já imaginando o que iria ouvir, mas desta vez, devido à quantidade de informação que adquiriu, poderia construir em sua mente quais seriam as possíveis respostas que receberia para já ter um argumento eficaz pronto.

Uma das melhores formas de não conseguir persuadir é deixando que os sentimentos tomem o controle, deixando a razão em segundo plano. O motivo disso é simples, precisamos ter um argumento com bases bem fundamentadas, e isso só conseguiremos quando estamos em um estado de completo equilíbrio.

Quando perdemos o controle e a emoção toma conta, os argumentos são feitos de maneira desordenada, há confusão nas ideias, e podemos falar coisas sem sentido que causam problemas ainda maiores.

Antecipe as informações prestando atenção aos detalhes

Podemos perceber facilmente como as pessoas estão agindo ao vê-las, a forma como se movem, como conversam, se estão abertas ou fechadas para uma aproximação, qual seu humor etc. Preste atenção nestes detalhes antes de tentar persuadir alguém. Digamos que seu argumento está bem embasado, mas por algum motivo não conseguiu sucesso. Isso pode ter ocorrido porque o momento não estava a seu favor.

O que quero dizer com isso? Quero dizer que, se alguém demonstra estar preocupado com algo, dificilmente conseguirá lhe dar a atenção devida, por mais que as informações sejam boas, sua cabeça estará voltada para resolver seu próprio problema. Muitas vezes só teremos uma oportunidade, então, esta tem de ser a melhor possível. Por exemplo, seria muito mais fácil conseguir um favor de alguém que está de bom humor do que alguém estressado, concorda?

Também podemos perceber como são as pessoas através da maneira como se vestem, cuidam da aparência, do carro que possuem, dos lugares que frequentam etc. Cada uma delas age dessa forma porque isso preenche alguma necessidade, então, qual seria ela? Pessoas discretas não querem ser notadas? Pessoas extravagantes querem chamar a atenção? Por exemplo, se um homem está usando um relógio novo e a cada momento verifica quais são as horas, podemos entender estar exibindo seu novo objeto. Se fosse iniciar uma conversa com alguém desse tipo como faria? Iniciar dizendo "que relógio bacana" seria uma ótima entrada.

Descubra o que precisam e as mantenha por perto

Alguma vez alguém lhe forneceu algo e em seguida pensou: "É exatamente disso que preciso"? Podem ter ocorrido duas situações, a primeira que foi puro acaso, a segunda, que ele conhecia sua necessidade e soube preenchê-la.

Esta informação é possível de ser adquirida em uma conversa. Por exemplo, seu colega de trabalho diz que gostaria de sair mais, conhecer outras pessoas, fazer novas amizades. Se você o convidasse para sair qual seria a resposta? Não tenho dúvidas de que a resposta seria "sim". Nesse momento você poderia pedir algum favor que ele dificilmente recusaria, pois, se o fizesse, estaria perdendo algo mais precioso pra ele, o de sair e conhecer novas pessoas.

Se as pessoas conseguirem o que desejam, farão de tudo para não perderem. Se você conseguir preencher esta lacuna, conseguirá ter um acesso melhor quando precisar de ajuda. Essa ajuda poderá ser em forma de convencer outra pessoa, conseguir uma indicação de trabalho, resolver um problema etc.

Essa pessoa com que você mantém um vínculo mais profundo pode ser a porta de entrada para conhecer outra pessoa que deseja. Lembre-se de que em muitos casos precisamos de permissão para entrar no meio social de outra pessoa, se já houver alguém deste meio que lhe dê credibilidade, ficará muito mais fácil conseguir o que deseja.

Sempre haverá uma pessoa-chave dentro de um grupo, e para persuadir as outras, primeiramente precisa estabelecer uma conexão com ela. Essa é a pessoa de mais influência, a qual lidera, pois os outros apenas o seguem. Se conseguir proximidade com ela, as outras o aceitarão mais facilmente, como também terá apoio desse líder. Identifique a pessoa mais influente do grupo e primeiramente trabalhe com ela, crie um rapport profundo para conseguir ter acesso e maior influência sobre as outras.

Forneça apenas duas opções, uma muito boa e outra muito ruim

Esta é uma técnica que fornece duas opções, porém, induz a pessoa a escolher sempre uma delas. Também ajuda a diminuir o sentimento de que foi forçada a fazer algo contra sua vontade quando ela própria fez a escolha. Isso é importante para a persuasão, fazer com que acreditem ter liberdade para fazer as próprias escolhas.

Por exemplo, durante uma conversa você informa que determinado trabalho deve ser realizado até o fim do expediente para a gerência, porém, recebe como resposta que não será possível. Então fornece duas opções, a primeira é a de que compreende e irá informar à gerência que ele não irá fazer, a outra, é a de que ele está perdendo uma oportunidade de mostrar para seus superiores como seu trabalho é importante. Então, pergunta "você pode deixar de fazer e ser cobrado pela gerência ou fazer essa atividade e se destacar para eles, o que você gostaria?" Logicamente, a segunda opção é a mais correta a ser tomada, ou você acredita que ele gostaria de ser cobrado diretamente pela gerência?

Ele teve duas escolhas, uma boa e outra ruim, através da maneira como você argumentou o conduziu a escolher a segunda opção. Mesmo que ele fique estressado com a atividade, ele teve a opção de recusar e não o fez. Sendo assim, formou o compromisso e cumprirá a atividade.

Seja sempre seguro e confiante

Para conseguir persuadir alguém é necessário transmitir confiança sempre, qualquer deslize ou insegurança pode acarretar em descrédito. Se você mesmo não acredita no que vende por que alguém compraria? Pense nessa pergunta, alguma vez já deixou de comprar algo por não acreditar em quem estava vendendo? Não falamos apenas em um produto, isso pode ser também vender alguma ideia. Muitas pessoas obtiveram sucesso porque nunca desistiram daquilo em que acreditavam, então, seja congruente com o que diz, e se não acredita, se comporte como se acreditasse.

Não transmitir confiança é um erro fatal, sem isso, as pessoas perceberão e poderão acreditar que estão sendo enganadas. Esse é um sentimento devastador para qualquer comunicador.

Seja calmo, faça movimentos lentos para não parecer nervoso, sorria, olhe nos olhos, tenha postura ereta, enfim, cuide da sua postura no geral. Use uma voz pausada e grave, nada de falar muito rápido ou muito devagar, fale de uma maneira mediana e use bom tom de voz, palavras que possam ser ouvidas sem ruídos. Por exemplo, já pensou como seria ouvir alguém com a voz do Pato Donald? Você não conseguiria ouvir o que ele tem a dizer porque sua atenção ficará voltada para essa voz peculiar.

Então, você aprendeu algumas dicas sobre como ser persuasivo, você tem certeza disso? Responda em alto e bom som: "SIM, EU APRENDI!"

Os sentimentos envolvidos

Quando as pessoas estão tomadas por sentimentos, o pensamento racional tem baixa influência em suas ações, se tornam impulsivas e cometem atos de que muitas vezes se arrependem mais tarde. Nesses momentos ficam vulneráveis e mais propensas a serem persuadidas, pois lembre-se de que a razão não está no controle da ação.

Uma frase interessante que ouvi uma vez foi "nunca decida nada com fome, medo ou raiva", infelizmente não sei qual o autor, mas isso foi de grande ajuda para entender o que estamos discutindo aqui. Por exemplo, alguém com medo de dirigir devidos aos acidentes que teme acontecer poderia assinar um contrato de seguro com valor muito mais alto do que o mercado pratica, justamente pela emoção estar tomando conta dele naquele momento.

Quantas vezes você já perdeu o controle e falou coisas de que se arrependeu mais tarde? É comum isso acontecer. Quantas vezes você foi desculpado após explicar que não pensou direito? Isso também é comum de acontecer. O que estou tentando dizer aqui é que, se alguém já o desculpou por uma atitude impensada, será que ao cometer uma ação totalmente pensada, consciente, calculista, sabendo o que poderia acontecer, e depois usar o argumento de que "fiz sem pensar, me desculpe", também funcionaria? É uma ideia para se pensar.

Existem pessoas que usam as emoções para nos persuadirem, pois desde crianças aprendemos a agir desta maneira. Lembra-se como falava com seus pais para conseguir um brinquedo novo? Mudava o tom de voz, fazia uma carinha de bom menino, abraçava, beijava etc. Então os comovia e conseguia o que queria. É interessante ver como fazemos isso o tempo todo, não importa em qual situação, quando queremos algo, tentamos persuadir de uma maneira ou outra.

Os sentimentos são ferramentas poderosas na persuasão, elas podem tanto lhe ajudar quanto prejudicar. Ter controle emocional é extremamente importante para se chegar ao objetivo, pois somente assim conseguirá foco e um pensamento com ideias organizadas.

LINGUAGEM CORPORAL COMO AVALIADOR DE DESEMPENHO

Não vamos entrar em tantos detalhes sobre a linguagem corporal, porém, algumas dicas serão de grande ajuda para que você possa monitorar como está se saindo quando tenta convencer alguém do que está dizendo.

Cabeça: para onde a cabeça está direcionada? Em sua direção significa que está prestando atenção no que está dizendo, se estiver com a cabeça voltada para outra direção, está dizendo inconscientemente que seu foco de atenção gostaria de estar em outro lugar.

Tronco: a pessoa está projetada em sua direção ou para trás? Quando está projetada em sua direção significa que está com a atenção voltada para você, quando está para trás pode significar que está se afastando do que está dizendo.

Braços: os braços estão cruzados ou abertos? Quando estão abertos significa que não há bloqueios que o impeçam de argumentar, quando estão cruzados, significa que está na defensiva e se protegendo do que diz.

Pernas e pés: estão direcionados para você ou para outro lado? Direcionados para você significa que tem a atenção da pessoa, quando estão direcionados para outro lugar, podem significar que ela quer ir para outra direção, ou seja, não ficar com você.

Agitação: pode significar impaciência e vontade de ir embora.

Através da linguagem corporal podemos notar como estamos nos saindo durante uma conversa, estes detalhes podem nos ajudar a saber quando avançar ou recuar. Isso funciona porque o comportamento é inconsciente, por mais que tentemos controlar, só conseguimos ter consciência disso após termos desencadeado o comportamento.

Como já falamos, nosso cérebro tem neurônios-espelho, então, instintivamente tudo o que vir automaticamente será imitado por sua mente, ocasionando significado que precisa saber. Importante lembrar que avaliar estes itens individualmente pode causar interpretações erradas, sendo assim, sempre leve em consideração o contexto geral. Por exemplo, uma pessoa que está com a cabeça voltada para outro lugar pode estar apenas refletindo sobre o que você havia comentado. Se quiser saber mais sobre linguagem corporal, existem diversos livros que abordam o assunto e fornecem muito conhecimento.

REFLEXÃO

O assunto abordado aqui é sobre como podemos persuadir as pessoas ao nosso redor, porém, alerto que isso deve ser feito para conquistar um objetivo saudável. As pessoas não são objetivos como ferramentas para manusearmos, sendo assim, temos de ter responsabilidade e ter em mente que podemos causar muitos problemas em suas vidas quando usamos este conhecimento para fins inadequados.

Use este conhecimento para o bem comum, pois quando um ganha todos ganham.

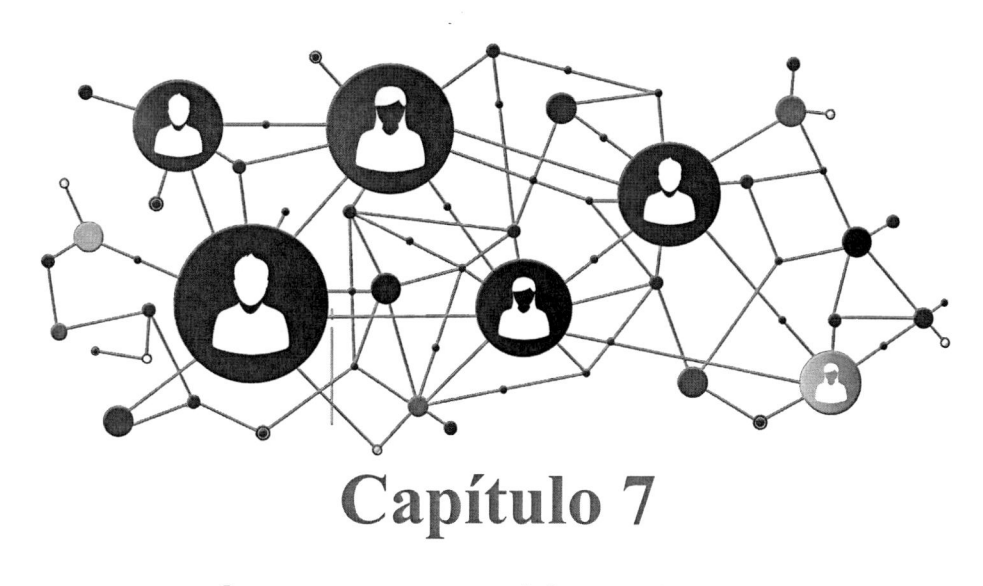

Capítulo 7
Linguagem Hipnótica

A comunicação é um dos instrumentos mais poderosos que um indivíduo possui, ele pode tanto levar a paz quanto o terror, porém, isso só dependerá de como ele usa sua linguagem e qual objetivo busca. Além da simples comunicação, precisamos saber que tipo de comunicação é mais eficiente, quais palavras devem ser usadas, que tipo de frases, enfim, uma série de regras que permitirão à mensagem chegar ao receptor de maneira mais influente.

Richard Bandler e John Grinder fizeram um estudo detalhado sobre o trabalho de Milton H. Erickson e mapearam algumas de suas competências como hipnotizador, descobriram, principalmente, que sua técnica possuía certos padrões que diminuíam de forma considerável a resistência de quem ouvia e permitia que este fosse hipnotizado. Tudo parecia ser tão fácil e natural, porém, tudo graças à incrível habilidade de Erickson.

Este conjunto de padrões de linguagem era altamente eficaz para induzir transes ou estados alterados de consciência, como também, de ser capaz de acessar recursos do inconsciente para gerar mudanças no comportamento. Este tipo de técnica é chamado de linguagem hipnótica.

A linguagem hipnótica funciona em forma de sugestões ao cérebro, esta sugestão é absorvida e entendida como uma ordem. Quando falamos com alguém, a mente consciente tem uma defesa própria que tenta impedir que a mensagem chegue diretamente ao inconsciente (parte do cérebro que mais influencia nossas ações). Usando esse tipo de linguagem, é possível "enganar" a mente consciente e fazê-la acreditar que tudo está acontecendo naturalmente, ou seja, que a ação sendo tomada é de sua própria vontade. Isso não deixará que ela "questione" a mensagem que está recebendo e passará apenas a executá-la de acordo com a sugestão que recebe.

Então, se estamos tentando nos comunicar melhor para que as pessoas entendam o significado da nossa mensagem, sejam influenciadas, por que não usar estes mesmos padrões para conseguir resultados dentro de uma empresa? Logicamente, ninguém será hipnotizado, isso é apenas mais um recurso valioso para evitarmos conflitos e nos tornarmos comunicadores melhores, pois, do que adianta termos uma grande ideia, se ninguém ao menos dá atenção para ouvi-la? Usando linguagem hipnótica este problema poderá ser minimizado.

Importante destacar que, ao contrário do metamodelo discutido no capítulo 5, que busca entender os significados das experiências relatadas, a linguagem hipnótica deixa que o próprio indivíduo dê o significado. Por exemplo, podemos dizer "você se sentirá bem" e deixar que a pessoa busque referências internas do que isso significa pra ela. Seria um erro dizer "você se sentirá bem porque isso é tranquilo", sendo que o "se sentir bem" pra ela significa algo agitado. A linguagem hipnótica funciona através de linguagem genérica, mas o que isso significa? Significa que as frases usadas não fornecem explicações específicas, ao contrário, são gerais e universais. Por exemplo, "você será uma boa pessoa", "vamos conseguir o que precisamos", "de um jeito ou de outro a empresa irá crescer". Consegue perceber que nenhuma das frases fornece informações suficientes para chegar a um significado específico? Sendo assim, quem as ouve, automaticamente, irá buscar referências internas para dar o significado que falta. Não sei o que "você será uma boa pessoa" significa para você, se é ter dinheiro, ser gentil, um bom marido, um bom amigo, não importa, o que importa é que você absorva a frase e dê o significado a partir de suas referências internas.

Exemplo de linguagem hipnótica aplicada em uma reunião sobre um novo projeto: "À medida que conversamos irá perceber que pode ficar relaxado, e quanto mais relaxado ficar mais ideias irão surgir. Pode ser que você já tenha muitos comentários a fazer e quero que busque o melhor dentro de todas elas. Não precisa ficar atento a tudo que ouvir e sei que poderemos sair daqui com uma solução para o problema".

No exemplo acima fizemos a ligação entre conversar e ficar relaxado, assim diminuiremos a tensão no local. Também foi feita a ligação entre ficar relaxado e ter ideias. Quando menciono "pode ser" estou sugerindo que ele já tenha muitas ideias, ou seja, mesmo que ele não tenha pensado nisso, agora está em sua mente. Também para evitar ideias inadequadas, é sugerido que ele busque o melhor em todas elas. Quando menciono "não precisa ficar atento", na verdade, estou sugerindo o contrário, que ele fique atento a tudo.

Outro exemplo de linguagem hipnótica aplicada com uma colaboradora que aparenta insatisfação no trabalho: "Pode ser que tenha percebido que pode confiar em mim e que quando precisasse poderíamos conversar, por isso lhe chamei aqui. Enquanto conversamos as inseguranças irão diminuir e tudo ficará tranquilo. Você é uma ótima colega de trabalho, uma pessoa muito competente no que faz e quero lhe dizer algumas coisas que a farão ter um desempenho ainda melhor. Você poderia ter algumas críticas quanto ao trabalho e gostaria de ouvi-las. Não se sinta forçada a falar. Você poderia ser sincera e termos uma conversa tranquila para juntos conseguirmos chegar ao melhor resultado possível".

Neste outro exemplo, a conversa se inicia estabelecendo uma relação de confiança. Após, para diminuir a insegurança da colega é feita a ligação entre conversar e ficar tudo mais calmo. Não é especificado o que é ser uma ótima colega de trabalho, sendo assim, ela própria irá completar a ideia dentro dela. Mencionar "você poderia ter algumas críticas" ajuda a pessoa a ter essa ideia em mente para que possa falar. "Não se sinta forçada a falar" gera o efeito oposto, ou seja, que ela irá falar sobre suas críticas. Por fim, "poderia ser sincera" sugere sinceridade da parte dela e logo em seguida é feita a ligação com a palavra "e" para que juntos cheguem a um resultado melhor, pois, afinal, a insatisfação dela é um indicador de que as coisas devem melhorar.

Abaixo estão os padrões de linguagem hipnótica que irão ajudar a entender os exemplos acima e em quais momentos as palavras-chaves foram usadas para causar o efeito hipnótico.

PADRÕES DE LINGUAGEM HIPNÓTICA
Negação com uso da palavra "não"

Em uma frase de negação usaremos a palavra "não", porém, importante destacar que o "não" sozinho não tem significado. Vamos fazer um teste, pense na palavra "não", o que vem a sua cabeça? Ela representa alguma proibição? Reparou que não há significado? Agora, se eu lhe disser "não pense em um carro azul", o que vem a sua mente? Provavelmente o carro azul. Se eu lhe disse "não pense no carro azul", que é uma proibição, qual o motivo de ter pensado nele? Simples, se nosso cérebro precisa negar alguma coisa, ele primeiramente precisa saber o que deve ser negado. Você pensará na ideia mesmo que alguém lhe diga para fazer o contrário.

O importante nisso tudo é que nosso cérebro absorve a informação que vem após o "não", então, se proibir alguém, ela estará entendendo exatamente o oposto. Quantas vezes você já ouviu pais falando com seus filhos "já falei quantas vezes para 'não' fazer bagunça?", ou, no trabalho, "você não pode chegar atrasado"? Se excluirmos a palavra negativa da frase, veremos como nosso cérebro absorve a mensagem: "Já falei quantas vezes para fazer bagunça?" e "você pode chegar atrasado".

Ao invés de dizer o que não se pode fazer, é melhor dizer o que deve ser feito. Por exemplo, ao invés de "não fale alto ao telefone" troque por "fale baixo ao telefone". O segredo é que você direciona a pessoa para o comportamento que deseja, e isso é muito mais produtivo.

Então, a palavra "não" é ruim? Jamais, você só precisa saber quando e como usá-la. Se ela gera um efeito oposto, então, você poderá de forma sutil conduzir as pessoas a fazerem exatamente o que deseja. Para isso, basta adicionar o "não" antes da frase que corresponderá ao que a pessoa deverá fazer ou sentir.

Exemplos:

"Não fique preocupado com a equipe".

"Entendo que você saiu mais cedo ontem, não pense nisso".

"Não precisa entregar o relatório hoje".

"Não há necessidade de contratar mais pessoas".

"Não se sinta forçado a ir almoçar comigo amanhã".
"Vou pensar com calma, não se anime".

Palavras "poderia", "seria", "pode ser"

Lembre-se de que a linguagem hipnótica funciona porque é feita através de sugestão. Uma abordagem com uma ordem direta pode gerar negação, sendo assim, você fala de forma indireta para que a própria mente da pessoa acate aquele comando e reaja de acordo com sua frase. Use as palavras "poderia", "seria" e "pode ser" para o que deseja que façam ou sintam.

Exemplos:

"Você poderia se esforçar mais".

"Você poderia se sentir alegre".

"Seria interessante fazer esse curso".

"Seria bom relaxar um pouco".

"Pode ser que queira assinar esse contrato".

"Pode ser uma ótima hora para conversar".

Trocar uma ordem direta por "lhe dizer" ou "lhe diria"

Podemos conseguir muitos favores dizendo o que as pessoas devem fazer, porém, isso pode soar como uma ordem e causar resistência. Algumas pessoas se sentem ofendidas ou intimidadas quando dizemos o que elas devem fazer, pois, indiretamente, podem entender outra mensagem. Por exemplo, a de que não sabem nada, que a outra pessoa se acha melhor e por isso dá ordens, podem se sentir "diminuídas", envolver o orgulho, dentre outros problemas.

Para evitar este tipo de situação, podemos conseguir resultados melhores quando mudamos a mensagem de direta para indireta. Para isso, basta usar as palavras "lhe dizer" ou "lhe diria" ao informar sobre o que devem fazer.

Exemplos:

"Eu lhe diria para realizar a tarefa."

"Poderia lhe dizer que isso é melhor para você."

"Algumas vezes o trabalho fica estressante, então, lhe diria para ficar calmo."

"Posso lhe dizer que seu desempenho necessita melhorar."

"Lhe diria para comprar nosso carro."

"Preciso lhe dizer para melhorar seu comportamento com os colegas."

Perguntas retóricas

Você usa este tipo de linguagem para fazer com que as pessoas concordem com seu discurso. Primeiramente é feito um comentário em forma de afirmação, faz uma pausa, então acrescenta "não" e outra palavra que corresponda ao que deseja que concordem como forma de pergunta. Detalhe: por mais que seja uma pergunta você falará em tom de afirmação.

Exemplos:

"Esse relatório está com alguns problemas, não está?"

"A empresa precisa de mais investimentos, não precisa?"

"Concorda comigo, não concorda?"

"A reunião deve ser marcada, não deve?"

"Perdemos muito tempo com esse projeto, não perdemos?"

"Já é hora, não é?"

"Vamos assinar, não vamos?"

Conscientização

Alguma vez já aconteceu de estar se sentindo normal e, depois de alguém comentar que parecia cansado, feliz, triste, com febre, medo, nervoso, raiva, animado etc., passou a reagir dessa forma? Se a resposta foi sim, é porque usaram um tipo de linguagem que nos influencia a perceber determinados estados a que antes não estávamos prestando atenção.

Esse "perceber" é resultado do nosso foco de atenção, só conseguimos reagir a alguma coisa se a conseguimos perceber, do contrário, ela não existirá para nossa consciência. Por exemplo, você está tranquilo e alguém diz "você parece agitado", então, passa a considerar o comentário, prestar atenção nas sensações que a agitação proporciona, qualquer detalhe desse tipo de sensação será usado como confirmação, ou seja, fortalecendo ainda mais seu pensamento, por fim, seu corpo passará a reagir de acordo com o que foi sugerido.

Atenção, isso só funcionará caso a pessoa aceite a sugestão e tenha vulnerabilidade, ou seja, que não tem confiança suficiente sobre seu estado emocional atual. Por exemplo, se falar para alguém que não tem segurança em andar de barco que parece enjoada, pode funcionar, porém, se falar isso para um marinheiro, que tem a ideia fortalecida em sua mente de que não tem enjoo ao andar de barco, essa técnica não funcionará porque ele tem total confiança sobre se sentir bem ao andar de barco.

A linguagem de conscientização pode ser usada para guiar o foco de atenção de alguém, com isso, usando este tipo de padrão poderá fazê-la perceber ou sentir algo.

Exemplos:

"Quem sabe tenha notado quanta bagunça existe nessa sala."

"Talvez tenha percebido que sua fábrica necessita de reforma."

"Você parece muito preocupado."

"Pode ser que não tenha percebido como o clima está tenso."

"Acredito que também tenha reparado que isso é o correto a ser feito."

"Algumas vezes você pode sentir que tudo ficará bem."

Distorção do tempo

Dependendo de como você diz uma frase estará indicando o tempo em que o fato ocorreu, ou seja, será no passado, presente e futuro. Quando estamos conversando com alguém, se comentarmos algo sobre sua roupa, aparência etc., pressupomos que isso deve ocorrer no presente, correto? Porém, quando mudamos a frase para o passado ou futuro, isso pode causar confusão em quem está nos ouvindo.

Além da confusão, também podemos dissociar (estar fora do contexto) ou associar (estar dentro do contexto). Isso pode mudar o estado emocional da pessoa em segundos, sendo assim, você pode "enviar" um fato ou sensação para qualquer período de tempo variando a forma como fala.

Exemplos:

"Você estava se sentindo bem" (passado).

Se ela "estava", quer dizer que no momento presente não está, ou seja, não pode se sentir daquela maneira agora.

"Você me disse que está com raiva" (presente).

Se alguém lhe contasse que "estava" com raiva e você disser que ela "está", poderia fazê-la reagir dessa forma trazendo aquela sensação para o momento presente.

"Esse contrato será a melhor coisa que vai fazer" (futuro).

Isso significa que a decisão sendo tomada irá acarretar benefícios futuros, então, você traz essa sensação para o momento em questão.

Também poderá usar todos na mesma frase:

"O que estava (passado) procurando em um aparelho celular encontrará (futuro) neste produto agora (presente)".

"O senhor se sentia (passado) preocupado com as dívidas e sabe que pode adquirir nosso produto agora (presente)"

Na frase acima a preocupação foi transferida para o passado, deixando-o mais aberto a comprar o produto no momento presente.

"Você consegue imaginar como ficará (futuro) feliz quando fizer o que tem deixado (passado) de lado?"

Julgamento para gerar uma sensação

Este tipo de linguagem é usado para gerar uma sensação. Você faz uma frase afirmativa ressaltando o sentimento que deseja despertar.

Exemplos:

"Vejo que está paciente."

"É importante sentir que temos confiança um no outro."

"Nada poderia nos deixar tão felizes quanto estar aqui."

"Você parece pálido e com febre."

"Sua preocupação está sendo notada."

"Ainda bem que você é otimista."

Intensificando ou diminuindo um estado emocional ou uma ação

Você poderá intensificar o estado emocional ou uma ideia através da distorção. Relembrando, distorção é algo que faz ligação entre duas coisas que não têm relação alguma. Por exemplo, "quanto mais eu trabalho menos dinheiro eu tenho", o fato de trabalhar muito não tem relação com a falta de dinheiro, mas, mesmo assim, damos esse significado e fazemos a conexão.

Para intensificar, você precisa usar as palavras "quanto mais" ou "quanto menos" e encontrar algo que a pessoa faça ou imagine, em seguida, usar as palavras "mais", "menos", "pior" ou "melhor" e falar o que deseja que ela pense ou faça. Então, seria mencionado que "quanto mais/quanto menos" (faz ou pensa) "X" mais/menos/pior/melhor (pensa ou age) "Y". Lembre-se, X é o que ela já faz, Y é o que você deseja que ela sinta ou faça.

Exemplos:

"Quanto mais/quanto menos você tentar terminar o relatório mais irritado ficará."

"Quanto mais/quanto menos respira mais relaxado fica."

"Quanto mais/quanto menos se esforçar no trabalho menos erros existirão."

"Quanto mais/quanto menos conhecemos as pessoas menos as conhecemos."

"Quanto mais/quanto menos aprender sobre este tipo de técnica melhor será seu desempenho."

"Quanto mais/quanto menos sérias as pessoas são melhor fica o relacionamento com elas."

"Quanto mais/quanto menos rígido for com seus colaboradores pior será para saúde."

"Quanto mais/quanto menos pensar no seu carro novo pior será para consegui-lo".

Pressuposições

Para que duas pessoas concordem com alguma coisa é necessário passar por algumas fases anteriores, como, por exemplo, informar o que é, questionar, ver os pontos negativos e positivos etc. Então, podemos dizer que nem sempre conseguiremos o que queremos, já que a outra pessoa terá a possibilidade de não concordar.

A pressuposição nos permite ir direto ao objeto como se as fases anteriores da negociação já estivessem estabelecidas e o acordo já estivesse firmado. Com isso, é possível evitar os questionamentos, ou, ao menos, minimizá-los, ocasionando maior probabilidade de aceitação da sugestão.

Por exemplo, se alguém pergunta "em qual restaurante iremos almoçar hoje?", significa que já foi acordado que almoçariam juntos. Se usar este mesmo tipo de padrão poderá diminuir a resistência de outras pessoas, pois ao invés de dizer "quer almoçar comigo" e dar a possibilidade de recusarem, você simplesmente diz "onde vamos almoçar", como se já tivessem aceitado seu convite. Ao invés de dizer "você vai fazer este relatório?", pode dizer "quando terminar o relatório me avise", como se ele já tivesse concordado em fazer.

Pressuposição é colocar um sentimento, sensação, pensamento, ação, ideia etc. no contexto de forma a influenciar a pessoa a reagir como se tudo fosse consequência natural de algo que já estava ocorrendo, ou seja, aceitar sem resistências o que foi sugerido.

Exemplos:

"Quando iremos fechar o negócio?", pressupondo que é só definir a data.

"Irá se sentir melhor após comprar este produto", pressupondo que comprará o produto ou que se comprar o produto se sentirá melhor.

"Nenhum concorrente é tão bom quanto nós", pressupondo que já conhece outros lugares.

"Quando irá criar responsabilidade?", pressupondo que não é responsável.

"Tudo ficará bem depois que sairmos para conversar", pressupondo que irão sair para conversar ou que se saírem tudo ficará bem.

"Aonde iremos nos reunir no final de semana?", pressupondo que irão se reunir.

Você também pode usar esta estrutura para fazer com que a pessoa fique com a sensação de que fez uma escolha inteligente ou teve uma atitude correta.

Exemplos:

"Você sabe que isso é o correto."

"A situação está controlada e sei que fez o melhor possível."

"Você fez uma bela compra."

"Este livro que comprou é certamente um dos melhores que existe."

"Você tem bom gosto."

"Sua decisão irá ajudar muitas pessoas."

Perguntas incluídas no contexto

Algumas vezes falamos determinadas coisas que automaticamente as pessoas respondem, mesmo quando não fazemos uma pergunta direta. Como isso é possível? Isso acontece quando se dá a entender que você necessita de uma resposta devido à maneira que fez o comentário.

Você pode usar este padrão de linguagem para fazer perguntas indiretas e induzir a pessoa a responder, pois a lógica existente na frase gera este tipo de atitude.

Exemplos:

"Eu me pergunto que dia é hoje." A pessoa responde a data mesmo sem você dizer "sabe que dia é hoje?"

"Fico pensando qual seu tipo de negócio." A pessoa responde sobre o tipo, mas você não perguntou, só comentou que estava pensando.

"Estou imaginando o que responderia se lhe chamasse para jantar." A pessoa lhe responde se irá poder ou não, mas você não perguntou se ela queria isso, só comentou que estava imaginando.

"Não saberia dizer se gostaria de comprar este carro." A pessoa responde se sim ou não, mas você não perguntou, só comentou que não saberia a resposta.

"Algumas pessoas parecem não se dar bem nesse escritório." A pessoa concorda e aponta quem do trabalho não se dá bem, mas você não perguntou quem, só informou que algumas parecem não se dar bem.

"Estava pensando como era a empresa em que trabalhava." A pessoa responde como era, mas você não perguntou, só comentou que estava pensando no assunto.

CUIDADO QUANDO USAR A PALAVRA "MAS"

A palavra "mas" é frequentemente usada quando estamos dialogando, escrevendo, fazendo uma palestra etc. Agora você pode estar pensando "isso eu já sabia, me conte uma novidade". Pois bem, saber que ela é bastante usada realmente não é novidade, entretanto, saber o impacto que ela gera dentro de uma frase talvez ainda seja desconhecido por muitas pessoas.

Saber o que ela significa é muito diferente de saber o impacto que ela gera, por este motivo, em determinada situação, podemos ter a intenção de dizer uma coisa e acabar dizendo outra. Para agravar ainda mais, o fato de nem sempre percebemos que nosso discurso teve um rumo diferente do esperado não nos ajuda a saber onde precisamos melhorar.

Tudo o que vier antes do "mas" será transformado em negativo ou diminuirá a importância

Alguma vez você já vivenciou ou acompanhou uma situação em que tudo corria bem até que de repente surge um "mas"? Conseguiu perceber como isso mudou o contexto? Vamos dar um exemplo: alguém lhe diz "você é muito competente, 'mas' precisa ser mais paciente com as pessoas".

O que muda quando isso acontece? Duas interferências ocorrem, a primeira é que diminui a importância ou se tornará negativo o que estava antes do "mas"; segundo, o que vem após o "mas" é o que realmente fica destacado. Repare que a frase "você é muito competente" ficou ofuscada, soando como se fosse somente um "agrado" para que pudessem dizer o que realmente queriam. Já a frase "mas precisa ser mais paciente com as pessoas" é o que causa impacto e ficará destacada na mente. Por isso, é necessário prestar atenção quando usar "mas", talvez seu elogio sincero se transforme em algo negativo sem que tenha essa intenção.

De maneira simples, a palavra "mas" pode transformar algo negativo em positivo, ou também algo positivo em negativo, conforme a seguir.

Positivo -> MAS -> Negativo

Negativo> MAS -> Positivo

Por exemplo, veja o que acontece quando usamos a mesma frase e mudamos apenas o que vem antes e depois do "mas".

"Este sapato é lindo, 'mas' é caro."

"É caro, 'mas' este sapato é lindo."

Conseguiu notar qual das frases tem maior influência? Certamente a segunda.

Além do "mas", palavras como "porém", "entretanto", "no entanto", "em contrapartida", "contudo", dentre outras, causam o mesmo tipo de reação que "mas", por isso, também preste atenção quando usar estas palavras.

Exemplos:

"Você está se comportando bem, mas precisa mudar sua maneira de conversar às vezes."

"Seria possível ir à reunião, mas será muito tarde."

"Tudo para estar em ordem, mas temos algumas coisas para resolver."

"Isso ficou ruim, mas tem partes muito boas."

"Sabemos que está difícil, mas tudo irá melhorar."

"As vendas estão baixas, mas se nos comprometermos o rendimento irá aumentar."

Substituindo "mas" por "e"

Agora você pode estar pensando "como vou fazer se não posso usar a palavra 'mas' nas minhas conversas". A resposta para isso é simples, ao invés de "mas", você usará a palavra "e". Lembrando que, se quiser mudar algo de positivo para negativo ou de negativo para positivo, continue usando a palavra "mas".

A palavra "e" faz algo diferente de "mas", ela consegue fazer a ligação entre ambos os lados de uma frase, os deixa com o mesmo nível de importância e consegue misturá-los, tornando-os um só. Como exemplo, vamos analisar a mesma frase usando "mas" e depois usando "e".

"É importante saber se comunicar com os colegas, 'mas' também focar no trabalho."

"É importante saber se comunicar com os colegas 'e' também focar no trabalho."

Quando sua intenção for informar algo bom e que também precisará chamar a atenção para outro ponto, a palavra "e" o ajudará a fazer conexão entre as mensagens e seu ouvido prestará atenção tanto para uma parte quanto para outra.

Exemplos:

"Gostaria de falar algumas coisas sérias e importantes."

"Sua habilidade com planilhas é incrível e melhorando a relação com as pessoas será um profissional melhor ainda."

"Os problemas são graves e vamos dar a volta por cima."

"Sabemos que discutir é importante e também que precisamos definir o projeto."

"Podemos ser mais flexíveis e rígidos em alguns casos."

"Agora você aprendeu que a palavra 'mas' gera um impacto e usando 'e' poderá ser um comunicador melhor ainda."

Fazendo ligação entre ideias diferentes usando "enquanto"

A palavra "e" pode ser usada para fazer ligação entre coisas que não têm relação, mas não só ela, as palavras "enquanto", "à medida que", "conforme", dentre outras, podem surtir esse efeito.

Exemplos:

"Enquanto conversamos poderá ficar tranquilo."

"À medida que formos resolvendo os problemas podemos nos sentir bem."

"Você conseguiu, conforme dissemos que iríamos conseguir."

Repare que nenhuma das ideias mencionadas tem relação com a outra, ficar tranquilo não tem relação com conversar, resolver os problemas não tem relação com ficar feliz, conseguir algo não tem relação com alguém lhe dizer que vai conseguir. Agora, quando usamos palavras que fazem essa ligação, é possível perceber que existe essa conexão, ou seja, que uma parte só conseguiu porque teve outra envolvida.

Exercícios de fixação

1- Utilize a linguagem hipnótica para vender as seguintes ideias:

a) Melhoria de relacionamentos interpessoais

b) Viagem dos sonhos

c) Aumento da satisfação com o trabalho

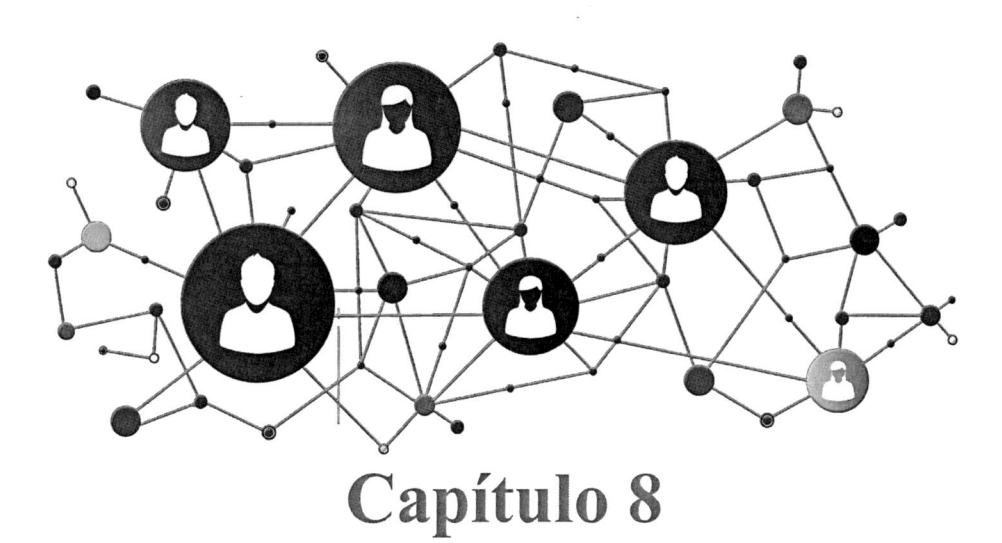

Capítulo 8
Resolução de Conflitos

Nossa vida está constantemente mudando e naturalmente surgirão conflitos dentro desse processo. Cada situação possui sua especificidade, sendo assim, fica difícil dizer ou encontrar um padrão lógico e infalível que se aplique a qualquer tipo de problema. Sempre iremos informar os métodos que funcionaram, mas isso não significa que funcionará novamente.

Acredito fielmente que tudo se resolverá mais cedo ou mais tarde, não importa o tamanho do problema. Então alguém poderá perguntar "qual é a melhor forma de resolver um problema?", a resposta seria "a que seja mais saudável pra você". O que se quer dizer com isso? Que não podemos sacrificar nossa saúde, equilíbrio emocional, felicidade etc. para chegar ao objetivo porque não vale a pena, pois sua vida não é somente trabalho.

Talvez você possa estar pensando que "então não precisa dar importância ao problema". Muito ao contrário, é necessário sim ter consciência de que há algo para ser resolvido e se importar com isso. Por que uma resolução mais saudável? Para que sua vida seja mais alegre, tenha mais prazer, enfim, que se sinta bem, mas, caso não for possível todo o tempo, ao menos a maior parte dele. Se você acredita que o mau humor, estresse, gritar, ofender etc. são os únicos meios de resolver um problema, sinto lhe informar que está com visão muito limitada e prejudicando seu bem-estar.

Conheço pessoas que antes dos 50 anos de idade sofreram problemas no coração decorrentes de estresse no trabalho. Outras que com mais 90 anos de idade são saudáveis e continuam sorrindo mesmo que o problema seja enorme. Os métodos que usam podem ser parecidos, porém, a maneira como encaram é totalmente diferente. Podemos ser irritados ou alegres, a escolha é unicamente nossa e, particularmente, prefiro ser uma pessoa alegre.

A IMAGINAÇÃO

É comum usarmos nossa imaginação para construir as informações sobre determinado assunto, isso porque não conhecemos totalmente os detalhes que estão envolvidos, sendo assim, pensar no que "poderia ser" e preencher as lacunas é uma forma de tomar consciência da situação.

O problema maior disso é que podemos tomar uma ação baseada em falsas informações, afinal, você as criou. Se estivermos agindo sobre o fictício, quais as chances de funcionar? Realmente são bem menores do que quando conhecemos realmente o que está acontecendo. Você poderia julgar alguém como incompetente e mais tarde descobrir que aquela pessoa não tinha envolvimento com o problema, que ela não era responsável por nada do que aconteceu, então, como acha que ficaria o clima entre vocês dois? Parabéns, você acabou de criar uma barreira na comunicação porque não soube apurar adequadamente os fatos.

Talvez a vontade de resolver o problema rapidamente nos faça agir sem o devido cuidado. Acusando pessoas erroneamente e aplicando métodos inadequados, tudo porque nossa base de informação foi criada por nossa imaginação. Também podemos receber informações criadas por outras pessoas, ou seja, algo que poderá ocasionar maiores problemas.

Para evitar esse tipo de situação devemos investigar mais a fundo e buscar detalhes, podemos fazer uma simples pergunta que mudará o rumo das coisas: "Isso é realmente o que houve ou estou imaginando?". Pare de interpretar as situações, ao invés disso, se certifique e comprove o que sua imaginação está lhe oferecendo. Se "acha" que determinada situação foi causada porque uma pessoa deixou de realizar a tarefa, vá até ela, pergunte, entenda o que houve e então decida o que fazer.

O que você imagina é muito diferente do que realmente existe, então, do que adianta ter uma atitude agressiva e já causar estresse ao ambiente? No que uma atitude deste tipo pode contribuir para a solução do problema? Não tenho dúvidas que os desentendimentos irão diminuir e os problemas passarão a ser resolvidos com mais facilidade. Imaginar algo e tomar uma decisão em cima disso é "dar um tiro no escuro".

Aqui é importante conhecer um pouco sobre submodalidades, pois é isso que gera as características do que imaginamos. O que seriam submodalidades? Submodalidades são distinções dos canais sensoriais visual, auditivo, cinestésico, olfativo e gustativo. Por que as pessoas percebem o mesmo problema de maneiras diferentes? Porque suas submodalidades têm características diferentes. Por exemplo, uma pessoa otimista e uma pessimista têm submodalidades diferentes, enquanto uma observa uma imagem escura, sem vida, sem cor, a outra observa a mesma imagem cheia de cor, energia, brilho etc. Estas seriam submodalidades visuais.

Como diz Richard Bandler:

"O truque é entrar na mente e mudar as imagens, assim como a maneira como você conversa com você mesmo."

Por este motivo, quando usamos a imaginação para completar a falta de informação, podemos estar aumentando ou diminuindo o tamanho. Podemos mudar as experiências com as submodalidades porque isso mudará nossa representação interna. Quando eu percebo um evento como "minha vida é triste", pode causar muito desgaste porque internamente o sistema visual vê tudo opaco, sem brilho, sem cor, o auditivo percebe tudo com ruído ou interferências, a parte cinestésica pode perceber as coisas como frio, dolorido etc. Sabe quando tentamos "ver o lado bom das coisas"?, estamos justamente mudando as submodalidades. Por exemplo, tente colocar mais cor, brilho, um som alegre, uma sensação de paz e tranquilidade em seus pensamentos para perceber o que acontece. Seu corpo começará a reagir de forma diferente.

Algumas pessoas possuem uma "voz" interior que as faz lembrar somente de coisas ruins, agora experimente transformar essa voz e deixá-la como a de um bebê de três anos. Percebe? Você mudou a voz e ela já começa a ter um efeito diferente em você. Se um problema parece ser enorme, experimente vê-lo como pequeno, se um sentimento de medo vier à tona, experimente lembrar-se de um momento de confiança que teve, e assim por diante.

- **Submodalidades visuais:** grande, pequena, escura, brilhante, colorida, preto e branco etc.
- **Submodalidades auditivas:** grave, agudo, ruído, alto, baixo etc.
- **Submodalidades cinestésicas:** quente, frio, áspero, macio etc.

Você nunca poderá mudar o evento, mas com isso irá mudar a forma como representa internamente e reagir de forma diferente. Essa é a diferente entre alguém que exagera ou alguém que parece tranquilo, a forma como cada um percebe a situação ao seu redor.

IDENTIFICAÇÃO DO PROBLEMA E QUAL O OBJETIVO

Ao contrário de imaginarmos, aqui iremos identificar qual é realmente o problema. Saber de onde ele veio e como está a situação. Para revolvermos um problema será necessário conhecê-lo, correto? Quem tem as melhores informações sempre terá as melhores chances para solucioná-lo.

Reúna informações, quanto mais detalhes, melhor. Isso é necessário porque haverá várias formas de conduzi-los para o objetivo final, sendo assim, de acordo com o que se sabe poderemos verificar qual o melhor caminho a ser tomado. Precisamos saber qual é o problema de fato para que a estratégia adequada seja encaixada.

É necessário também conhecer qual é o objetivo, saber para onde devem seguir. Se já sabemos qual é o problema e ainda não sabem para onde ir, qualquer caminho parecerá correto. Então, é preciso ter direcionamento e se guiar por ele até que todo o planejamento seja concluído.

UM PROBLEMA PODE SER PEQUENO E VOCÊ TRANSFORMÁ-LO EM UM MONSTRO

A maneira como você reage irá demonstrar o tamanho do problema aos envolvidos. Isso quer dizer que, por exemplo, se fizer um alvoroço porque o café chegou cinco minutos atrasado, o cenário e gravidade do problema emanados por você repercutiram tanto que poderão até chegar aos ouvidos da diretoria. Você tem prestado atenção na maneira que está agindo em face dos problemas? Você sabe quando está exagerando? Se sua resposta for não, comece a fazer isso.

O exemplo dado pode parecer fútil, mas acredite, isso realmente acontece. Então lhe pergunto: aquele alvoroço foi realmente necessário? O problema era realmente tão grande assim? Tenho certeza de que não. Agora outra pergunta: teria alguma outra forma de resolver o problema que causasse menos desgaste em todos os envolvidos? Claro que sim.

Esse tipo de situação acontece dentro de casa com nossos familiares também. Quando transformamos um problema pequeno em um monstro, isso causa um desgaste muito grande em nós e nas pessoas ao nosso redor, o custo se torna alto e há sempre mais perdas do que ganhos. Vamos dar um exemplo: o marido chega ao banheiro e ao pegar a pasta de dentes percebe que ela está pressionada no meio, isso é algo que o irrita profundamente, pois já falou várias vezes que a pasta dental deve ser pressionada somente no fundo. Então, grita para a esposa: "Olha o tipo que você deixou aqui no banheiro", a esposa, por sua vez, também grita e os dois ficam frustrados. Ambos já começam o dia estressados. Valeu mesmo a pena toda essa situação? O que custaria o marido "arrumar" a pasta dental e deixar aquele pequeno problema de lado? Não custaria nada, mas, ao invés disso, preferiu agir como se o problema fosse algo enorme.

Não existem tantos problemas grandes no mundo, a maioria é criada por nós mesmos quando exageramos ao lidar com eles. Não existe preço para uma vida saudável, se não prestarmos atenção neste tipo de situação, estaremos pagando um preço muito alto e vivendo uma vida desgastante. Podemos dizer "temos um problema do tamanho do mundo" e deixar todos eufóricos, ou dizer "temos um problema" e minimizar o impacto emocional nas pessoas.

Na próxima vez que pensar em agir com irritação sobre algo pequeno, pense novamente e avalie, se pergunte se isso vale mesmo a pena, se o problema é realmente tão grande quanto pensa. Mesmo que a resposta for sim, reflita novamente e tente encontrar uma solução menos desgastante para todos.

EDUCAÇÃO E RESPEITO EM PRIMEIRO LUGAR

É natural perder a calma às vezes, porém, nada justifica ofender e tratar com falta de educação as pessoas ao nosso redor. Você pode estar com a razão quando argumenta, mas, mesmo assim, usar a grosseria como forma de comunicação nunca lhe fornecerá o melhor caminho para seu objetivo.

Temos de ter em mente que cada pessoa tem seu valor intrínseco e, assim como exigimos respeito, devemos tratá-las com respeito. Digamos que você seja o gerente do setor, isso não significa que seja o dono das pessoas e possa agir como se fossem objetos. Uma aposição diferente de cargos é muito diferente de serem pessoas diferentes. Perante a lei somos todos iguais, sendo assim, todos temos os mesmos direitos e deveres.

Outra coisa: ofender não ajuda a resolver o problema, muito ao contrário, só torna as coisas mais desgastantes. A situação pode ser estressante, porém, não nos dá o direito de chamar alguém de "burro". Mais que isso, chamar alguém dessa maneira não o faz melhor, ao contrário, se fosse realmente melhor agiria de maneira diferente.

O pensamento que influencia achar que as pessoas são inferiores impulsiona ações degradantes. Se relembrarmos o que aconteceu na Alemanha na Segunda Guerra Mundial, onde milhares de judeus foram assassinados porque foram qualificados como inferiores, nos Estados Unidos, onde negros e brancos viviam em conflito apenas porque não existia respeito ao ser humano por sua essência, mas sim, pela cor de sua pele. Ambas as situações foram desastrosas e não há justificativa para as consequências, algo que poderia ser muito diferente se houvesse educação e respeito pelo próximo.

Todos merecem respeito e educação no tratamento, devemos sempre ter isso em mente. Lembre-se: para resolver um problema é necessário que outras pessoas participem do processo. Quando as ofende, as está afastando, quando as respeita, as está trazendo para perto. Quando pensar em ofender, pense nesta pergunta: "No que isso ajudará a resolver o problema?", tenho certeza de que haverá menos motivos do que imagina.

Por que isso seria tão importante? Porque serve como amortecedor. Ao invés de ser rígido, estressante, desgastante, enfim, ter resistência quando nos comunicamos, precisamos saber que ter educação e respeito minimizará todos os conflitos existentes. Outro ponto importante é sempre iniciar a conversa pelo fato ao invés da opinião. Por exemplo, "devido às informações que temos, pela empresa não ter chegado ao resultado esperado devido à alta do dólar, diminuição da produção, acredito que a melhor opção seja o corte de funcionários". Caso comece por sua opinião, "eu acho que devemos cortar funcionários porque eles não conseguem bater as metas", pode ser conflitante. Lembre-se, é mais fácil conseguir argumentar quando se baseia em fatos do que quando se baseia em sua opinião.

Respeito e educação devem ser muito mais praticados do que falados. Mario Sergio Cortella diz: "Um líder corrige sem ofender e orienta sem humilhar".

O QUE ACONTECEU NÃO SE PODE MUDAR

Sem lamentações. O que aconteceu não se pode mudar. Se uma xícara se quebrou, ela será uma xícara quebrada. Você pode consertar mais tarde, porém, nada do que fizer mudará o fato de que ela se quebrou.

O importante aqui é manter o foco no que pode ser feito em vez de "amaldiçoar" o passado. Qual será o foco, o de resolver o problema ou de apontar o culpado? Ao invés de gastar energia em coisas que não contribuem, conduza seu comportamento para as coisas que devem ser feitas daqui pra frente.

Em muitos casos é gasto mais tempo "apontando o dedo" e procurando um culpado, tentando mudar o passado dizendo coisas como "isso não deveria ter acontecido", "eu já tinha falado que isso daria errado" etc., do que procurando uma solução. Isso acontece porque estamos focalizando energia no lugar errado. Por mais que sua intenção seja boa neste caso, essa atitude não ajuda.

Deixe o passado no passado, se mantenha no presente e use os recursos que tem para fazer o melhor possível. Faça a pergunta "o que precisamos fazer agora para chegar ao nosso objetivo?". Concentre sua força do que deve ser feito, assim, as respostas começarão a surgir e seu problema estará cada vez mais próximo de ser solucionado.

Fato ou símbolo? Esta é uma questão importante a ser abordada. Por que nos desesperamos quando não conseguimos algo? Ou amaldiçoamos o passado, por exemplo, dizendo que não tivemos sorte? Justamente porque estamos tentando mudar algo que não pode ser mudado.

O fato é algo que aconteceu, algo que não se pode mudar. O símbolo é como representamos algo que está em nossa mente. Então lhe pergunto:

o que é mais fácil mudar, o fato ou o símbolo? O símbolo. O que acontece quando tentamos mudar o fato? Gera conflito interno. Por exemplo, moro no Brasil, mas gostaria de morar na Europa, morar no Brasil é o fato e querer morar na Europa é o símbolo. Se passar a vida toda lutando contra o fato, viverá frustrado porque isso não se pode mudar, também porque estará sempre buscando o símbolo que no momento não pode alcançar.

Outro exemplo: queria outro emprego e não posso mudar. Quantas pessoas trabalham frustradas porque não conseguem mudar o fato e sempre buscam o símbolo que seria em forma de outro emprego? Repetindo, mudar o símbolo é mais fácil do que mudar o fato, então, enquanto não mudar um dos dois, sua vida será conflitante. Caso não consiga mudar o fato, mude o símbolo.

COM OU SEM ESTRESSE

Já reparou que o clima de uma situação é decorrente de como as pessoas se comportam? Um problema irá se resolver tanto com estresse quanto sem, depende apenas de como escolhem ser naquele momento. É difícil controlar os sentimentos, sabemos disso, mas nem por isso podemos deixar que as coisas saiam do controle.

Você pode estar se perguntando "sem estresse se resolve o problema?". A resposta é que não há garantia alguma, porém, essa é uma forma que pode nos deixar mais conscientes do que está sendo discutido, preservar a saúde e bem-estar de todos os envolvidos. Se você acredita que sempre deve haver estresse para que as coisas saiam como quer, você está certo, afinal, sua experiência de vida lhe ensinou dessa forma. Agora, qual é o custo por agir assim? Podemos dizer que prejudica os relacionamentos, o humor, gera problemas de coração, dentre outros. Se estiver disposto a pagar o preço, não poderá reclamar mais tarde sobre as consequências.

Agora lhe pergunto: já viu algum problema ser resolvido de forma tranquila? Se sua resposta for sim, então quero que reveja a forma como está agindo. Por exemplo, você passou o dia todo estressado e ao chegar em casa com essa energia o que acontecerá quando sua esposa vier conversar? Quais as chances de acabar descarregando nela sua frustração? Ou de não lhe dar a atenção devida? Realmente são grandes.

Como você interpreta a situação em uma discussão? Você leva para o lado pessoal? Caso sim, é uma atitude errada, pois a situação é consequência de vários fatores que fizeram chegar a determinado ponto, se há estresse envolvido, não é com você, mas, sim, com a situação. Temos de levar em conta que as pessoas com altas emoções envolvidas descarregam a energia na primeira oportunidade que têm e, se você foi quem apareceu primeiro, será quem receberá toda essa carga emocional.

Se conseguir mudar o pensamento e definir que "ele não está estressado comigo, foi a situação que o deixou assim", começará a entender melhor e compreender as pessoas. Conseguirá ver por outro ângulo, em vez de conflitar, poderá analisar com mais calma a situação e colaborar de forma mais produtiva para a resolução do problema.

MUDE A FRASE E COLOQUE UMA AÇÃO

Isso tem a ver com nosso foco. Por exemplo, dizer "isso não vai dar certo" pode ser o óbvio para todos os envolvidos, porém, não ajuda a resolver o problema. Se você diz "não sei como resolver", também não faz seu cérebro trabalhar para encontrar uma alternativa, afinal, você já deu a sentença final informando que nada pode ser feito.

Isso acontece em várias situações, mas então lhe damos uma dica, mude a frase que mudará a ação embutida nela. Por exemplo, mude de "não sei como resolver" e a transforme em uma pergunta que lhe fala para pensar: "Como poderia resolver?" Agora sim seu cérebro está começando a trabalhar para encontrar soluções, sua imaginação será ativada, as respostas que estão dentro de você sairão. Agora você pergunta por que não saíram antes? Porque com a frase informando que nada poderia ser feito, você simplesmente bloqueou seu poder de criação.

VISÃO GERAL SOBRE OS ENVOLVIDOS

Aqui precisamos identificar quem são as pessoas envolvidas e verificar quem de fato pode resolver ou tem poder de decisão. Já aconteceu de explicar detalhadamente um problema e no final ouvir "só um minuto, não é comigo este assunto, vou lhe passar para outra pessoa". Você precisa saber quem são as pessoas certas que irão resolver o problema para fazer com mais eficiência possível.

Se estiver em um grupo, identifique quem é a pessoa mais influente, afinal, os outros provavelmente só o seguem. Se conseguir trazer essa pessoa para perto, os outros consequentemente virão com ele. De nada adianta seu esforço se estiver tratando com a pessoa errada. Identifique também quem pode influenciar a pessoa principal, afinal, ele poderá ser uma barreira caso não consiga entrar em sintonia com ele.

O objetivo é descobrir quem realmente pode resolver o problema. Cada pessoa que não sabe o que fazer, que não tem poder de decisão, que não tem conhecimento sobre a situação, será apenas mais um obstáculo. Então devemos descartá-las? Sim, caso contrário, será tempo gasto em algo sem produtividade.

A RESPONSABILIDADE POR SUA RAIVA É SUA

Alguma vez já ouviu frases como "ele me deixa irritado", "ela me deixa nervoso", "eles acabam com o meu dia"? Ou você mesmo tem falado frases como essas? Caso sim, como tem controlado a situação? Você acredita que outras pessoas possam comandar seus sentimentos como se fosse uma máquina que ao apertarem um botão possam lhe controlar? Se sua resposta for não, então faço outra pergunta: de quem é a responsabilidade de suas ações? Unicamente sua.

Não podemos responsabilizar os outros por nossos descontroles porque eles só ocorrem se permitirmos. Ninguém é mais responsável do que nós mesmos. Citando a frase do parágrafo acima novamente "ele me deixa irritado", ele somente o deixa irritado porque você mesmo permite que isso aconteça. O que aconteceria se você fosse falar com a pessoa que "o deixa irritado"? Consegue imaginar o desgaste emocional que isso geraria? A culpa é de quem? Sua, então, não permita que isso aconteça tendo controle sobre suas atitudes.

Qual o motivo de dizermos "não permita que isso aconteça?, simplesmente porque é sua vida que está sendo prejudicada, de ninguém mais. Caso ocorra um problema de saúde, quem sofrerá as consequências? Você. Caso seja demitido por perder o controle em uma reunião e ter ofendido seu colega, quem sofrerá as consequências? Você. Então, do que adianta responsabilizar os outros sendo que as consequências serão suas? Não adianta nada.

Da próxima vez que tentar responsabilizar alguém por determinada emoção que está sentindo, como, por exemplo, "estou perdendo a cabeça", lembre-se, de quem é a responsabilidade por isso? Então, volte ao controle, respire, caminhe, faça o que for preciso para evitar que isso ocorra e diga para si mesmo "somente eu controlo meus sentimentos, ninguém mais".

MINHA ATITUDE IRÁ AJUDAR A RESOLVER O PROBLEMA?

Esta é a parte mais importante deste capítulo, a qual nos permitirá avaliar nossa atitude e refletir sobre o cenário em que está inserido. Qual a necessidade disso? A de não gastar energia onde não há produtividade, como também não desperdiçar o tempo e a energia de outra pessoa.

Falar de maneira grosseira, apontar o problema, apenas dizer "não poderia ter acontecido" não resolve nada. Uma atitude dessas não o fará melhor do que os outros. Dizer que não poderia ter acontecido após o ocorrido é muito simples, se você realmente se acha melhor, por que não previu que este tipo de problema aconteceria e o evitou? Se não for ajudar em nada, seria melhor parar com esse comportamento.

Quando estou estressado penso em responder um e-mail, ligar, falar mais "asperamente", mas dois segundos depois me pergunto: "No que isso irá ajudar?" Depois passo a refletir que, se eu colocar mais estresse na situação, só aumentará o problema. Então, se sua atitude não for ajudar, é melhor ficar quieto. Sempre estou pensando no que virá depois se eu tiver determinada atitude, então, procuro ter a melhor atitude possível.

O controle por nossas atitudes pode ser difícil em um momento de alto apelo emocional, então, uma boa dica é evitar tomar qualquer ação nesse instante. Escreva o e-mail com toda raiva que despertou e não envie, apenas releia dois minutos depois e se pergunte "no que isso irá ajudar?" Se pensar em ligar, não disque o número, apenas pegue o telefone e ensaie o que gostaria de falar e reflita: "Isso irá ajudar em quê?"

Uma das perguntas que pode ser feita para evitar este tipo de problema é "e se essa pessoa não for a culpada, seria correto descarregar minha ira nela?" Isso irá evitar muitos mal-entendidos, porque antes de agir estará refletindo sobre a situação para não cometer injustiça, afinal, do que adiantará deixar outra pessoa estressada? De nada.

Sempre tenha em mente esta pergunta: "Minha atitude irá ajudar a resolver o problema de forma saudável?" Se a resposta for negativa, repense, busque outra alternativa até que consiga uma resposta positiva.

Existe uma grande diferença entre buscar a solução ou a vingança quando se trata de um conflito. Essa vingança pode ser traduzida em satisfazer o ego, provar que estamos certos a qualquer custo, não admitir estarmos errados etc., em resumo, atitudes que não contribuem para o bem-estar coletivo. Pense nisso.

Exercícios de fixação

Pense em algum conflito que você teve com alguém e conseguiu resolver.

Pense em algum conflito que você ainda não conseguiu resolver.

Avalie as submodalidades envolvidas em cada uma das situações:

1- Visual	
Número de imagens	
Movimento/parado	
Colorido/branco e preto	
Brilho/sem brilho	
Focado/desfocado	
Com borda/sem borda	
Associado/dissociado	
Imagem central/wide	
Tamanho (relativo a realidade)	
Forma 3D/FLAT	
Perto/distante	
2- Auditivo	
Número de sons	
Volume	
Tom	
Tempo do som	
Intensidade	
Timbre	
Direção	

Ritmo	
Harmonia	
Mais em uma orelha que na outra	
3- Cinestésico	
Localização no corpo	
Velocidade na respiração	
Velocidade da pulsação	
Temperatura da pele	
Pressão	
Intensidade	
Movimento	

Capítulo 9

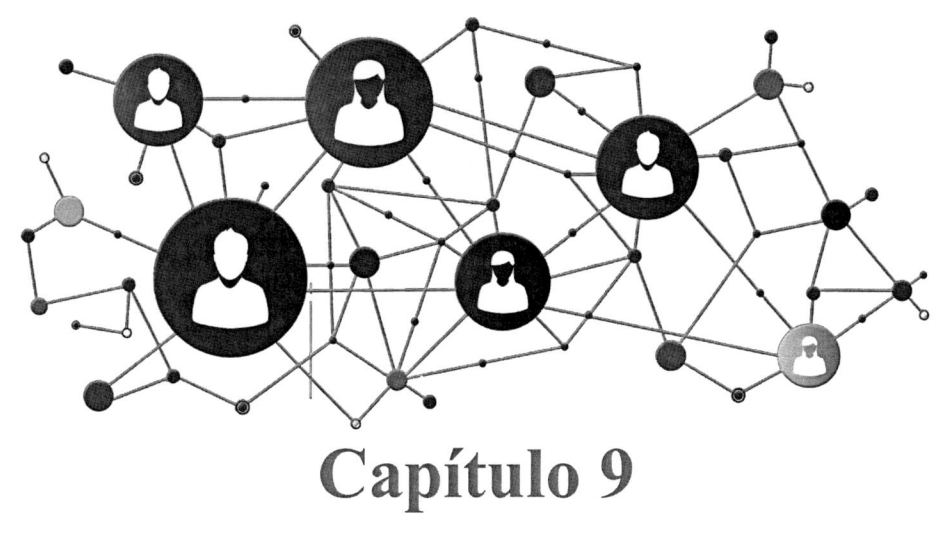

Âncoras – Imagem que transmitimos

O QUE É UMA ÂNCORA

Âncora é um estímulo externo que nos faz associar um sentimento ou pensamento (reação interna) quando é ativado. Por exemplo, se você tem medo de altura, este sentimento está vinculado com esta situação, a de lugares altos. Lugares altos referem-se ao estímulo externo, já o sentimento de medo, à sua reação interna. Quando estiver em um lugar alto o medo irá ser disparado. Resumindo, uma âncora é algo externo que nos faz ter uma reação interna.

Vamos imaginar que nós somos os estímulos externos e que o significado que as pessoas têm sobre são as reações internas. Então reflita sobre esta pergunta: você tem prestado atenção na imagem que está passando, tanto a pessoal quanto a profissional, para as pessoas ao seu redor? Caso não, reavalie seu pensamento, pois isso também faz parte da nossa comunicação.

Você nunca terá controle sobre os pensamentos alheios, sendo assim, busque fornecer o máximo possível das características adequadas para que as pessoas tenham maiores chances de o julgar como gostaria de ser visto.

ESTAMOS SENDO OBSERVADOS

A maneira como nos comportamos é observada por todos ao nosso redor, e com isso também estaremos sendo julgados. Nosso perfil estará sendo construído na visão dos outros a partir do que eles conseguem perceber. Por exemplo, se observam você correndo no parque poderão definir que você é um esportista, se o veem brigando na rua, poderão definir que você é encrenqueiro.

No ambiente de trabalho isso não é diferente, a maneira como se comporta está sendo julgada e aos poucos seus colegas irão formar opiniões sobre sua conduta. Se nunca sorri, pode ser considerado mal-humorado, se resolve os problemas que lhe são passados, podem defini-lo como competente, se usa agressividade e não se relaciona bem com as pessoas, pode ser definido como de temperamento difícil etc.

Qual a importância disso? É muito grande, pois as pessoas o tratarão com base na imagem que conseguem construir de você. Por exemplo, se existe uma vaga para gerência e você é considerado como de difícil relacionamento, tenha certeza de que suas chances de conseguir o cargo serão menores, afinal, um líder precisa saber se relacionar com a equipe.

Podemos chamar de âncora a forma como sua imagem está associada internamente nas pessoas ao seu redor. Nunca teremos uma única âncora, pois pessoas diferentes podem nos ver de formas diferentes, lugares diferentes nos fazem agir diferente. Em casa não temos o mesmo perfil que no trabalho, em jogo de futebol temos um perfil diferente que num teatro.

Você já pensou em como as pessoas o percebem ser? Que tipo de âncoras elas têm de você? Não somente na maneira que se comporta, mas também na maneira como se veste, cuida da higiene, carro que possui, dos lugares que frequenta etc. Tudo o que fazemos está transmitindo mensagens que serão interpretadas pelas pessoas ao nosso redor e elas irão dar um significado dentro delas sobre o que acham.

Muitas vezes elas não terão chance de nos conhecerem melhor para mudar de opinião, acontecerá somente em uma ocasião. Por exemplo, se alguém o visse pela primeira vez em uma festa e estivesse bêbado, que tipo de âncora teria de você? Que você provavelmente é uma pessoa descontrolada, alcoólatra, dentre outras. Se alguém perguntasse para esta mesma pessoa "o que acha daquela pessoa?", o que acha que aconteceria? Ela iria falar bem? Logicamente não, ela não tem informações além daquelas da festa.

Que tipo de pessoa você está sendo no ambiente de trabalho? Você está sendo o "estressado" ou aquele "calmo"? É aquele que "resolve os problemas" ou aquele que "só enrola"? É aquele com que as pessoas "podem contar" ou aquele que "se esconde quando existe um problema"? Que tipo de comportamento está tendo e como as pessoas estão vendo você?

Pode parecer bobagem, porém, nossa imagem vale muito e por isso devemos preservá-la. É comum diretores não conhecerem a fundo seus funcionários, como acha que eles promovem seus colaboradores de cargo? Uma das formas é através de estatísticas de desempenho, ou poderia ser através de recomendação de colegas. Se você não é bem-visto, como poderia ser recomendado?

O que estamos comunicando aos outros com nosso comportamento? Pense nisso e verifique quais são os comportamentos que devem ser mantidos e quais devem ser eliminados, assim poderá melhorar sua imagem.

NÃO LIGO PARA O QUE OS OUTROS DIZEM

Todos têm um mundo particular e se conhecem melhor do que qualquer pessoa. Tem também a própria definição como pessoa, ou seja, como se definem. Por exemplo, competente, feliz, triste, nervoso, animado, bom vendedor, habilidoso com planilhas, persuasivo, gentil, educado etc.

Tendemos também a ignorar coisas que não sejam vistas "com bons olhos" pelos outros, como por exemplo, de forma triste, não conheço pessoas admitindo que sejam tristes, mas, sim, vejo pessoas fingindo que são felizes para esconder como realmente se sentem. Aí é que está o problema, se ignoram os comportamentos ruins, não dão a devida atenção, ou até mesmo passam a não perceber que determinado comportamento os está prejudicando.

Outras pessoas podem ajudar a terem ciência de comportamentos inadequados e darem a chance de refletir sobre isso. Lógico, não podemos dar atenção a qualquer coisa que digam, mas saber filtrar o que pode contribuir para o crescimento pessoal é muito válido. Por exemplo, conheci um gerente que sempre dizia ser "bonzinho", porém, ouvi de diversas pessoas que ele era muito bravo. O que ele acredita ser era muito diferente do que as pessoas percebiam. Se ele tivesse prestado atenção nisso, poderia ter ajudado a melhorar o relacionamento com as pessoas.

Você tem todo o direito de não ligar para o que os outros falam, porém, em muitos casos, está perdendo a oportunidade de evoluir através do conhecimento que adquire através destes comentários. Se um comentário informa que você é diferente do que pensa ser, alguma coisa tem por trás que você pode ter ignorado, ou melhor, que não percebeu ao longo do tempo.

Se não se importa com o que os outros pensam, lhe pergunto agora: você iria de camiseta, bermuda e chinelos para uma entrevista de emprego? Indo mais radicalmente, se não liga para o que os outros pensam, você sairia sem roupas e caminharia no centro da cidade? Acredito que sua resposta seja não para ambas as questões.

Vivemos em sociedade e nos adequar aos padrões é necessário, se adequar aos padrões de pessoas consideradas de sucesso é melhor ainda. Se alguém que o conhece lhe faz uma crítica é necessário refletir, se alguém que não lhe conhece faz uma crítica, lembrando que não de qualquer pessoa sobre qualquer coisa, deve ser de algo construtivo, essa deve ser levada ainda mais em consideração. Você pode se perguntar: "Por que dar atenção mais ao comentário de alguém que não conheço?" Por isso mesmo, por ela não o conhecer, não consegue ver o seu lado "melhor", não irá se preocupar em "lhe agradar" para manter a amizade, não poderá mentir para satisfazer seu ego. Tem coisas que precisamos ouvir que pessoas próximas não têm coragem de nos dizer por receio de nos magoar, porém, nos mantêm na mesmice e não nos ajudam a evoluir agindo dessa forma.

Uma vez um professor me falou: "Você não precisa se preocupar com seu comportamento, porém, lembre-se que todo mundo o estará julgando por isso". Essa foi uma das lições que sempre carrego comigo.

QUE TIPO DE IMAGEM VOCÊ QUER PASSAR?

Já parou para pensar como gostaria que os outros o vissem? Você tem sido esse tipo de pessoa? Se não, qual o motivo de não ter conseguido seu objetivo? Essas são perguntas para se pensar, porque pensar em ser é muito diferente de agir para ser. Só pensar não o fará mudar, é necessário agir de acordo.

Somente falar que é determinado tipo de pessoa poderá funcionar, mas sua atitude estará sendo muito mais levada em consideração do que as palavras que saem da sua boca. Por exemplo, alguém lhe diz cuidar da saúde e é um fumante, como você iria acreditar no que ele diz se o que vê é o oposto?

Para passar a imagem que deseja é necessário prestar atenção aos detalhes, por exemplo, se quer passar a imagem de que é uma pessoa responsável, primeiramente precisa conhecer o que uma pessoa responsável faz e se comportar dessa maneira. Peça também a opinião de pessoas de confiança sobre como o veem, encare isso como um aprendizado e deixe de lado seu ego. Isso poderá ser uma forma de avaliar seu desempenho e ajudará a chegar ao seu objetivo.

Tenha um modelo de inspiração

Algo que pode ajudar a ser visto como gostaria é ter um modelo de inspiração, por exemplo, um artista, um escritor, um filósofo, um pai, um avô, uma celebridade, enfim, alguém que é exatamente o que pretende ser.

Investigue como são suas atitudes e seus pensamentos, molde isso para sua rotina e explore as possibilidades. Quando não souber como agir se pergunte "como minha inspiração agiria em uma situação como essas?", e imagine a melhor maneira possível.

Isso não significa imitar detalhadamente, mas, sim, se basear em um comportamento que é um exemplo para sua vida.

Exercícios de fixação

1- Descreva como você se vê no ambiente de trabalho. Depois, peça a um amigo para descrever sua personalidade

2- Em uma empresa onde trabalhei há alguns anos, tínhamos uma reunião de equipe toda sexta-feira à tarde. Infelizmente, isso acontecia quando a maior parte da equipe estava mais cansada, mas era a única hora em que podíamos estar todos juntos. Era natural a maior parte da equipe tomar decisões rápidas para poder sair mais cedo e ir para casa. Carlos, um dos membros da equipe, tinha com frequência ideias muito criativas e construtivas. Porém, quando começava a falar, colocava dificuldades no que tinha acabado de ser discutido. Ele sempre o fazia. O resultado era que praticamente toda vez que abria a boca para falar o resto da equipe parecia murmurar interiormente e sempre ignorar ou tentar reprimir o que ele queria dizer. Carlos havia efetivamente ancorado essa resposta apenas abrindo a boca!

Baseado no exemplo acima, avalie que âncoras você tem criado no seu ambiente de trabalho.

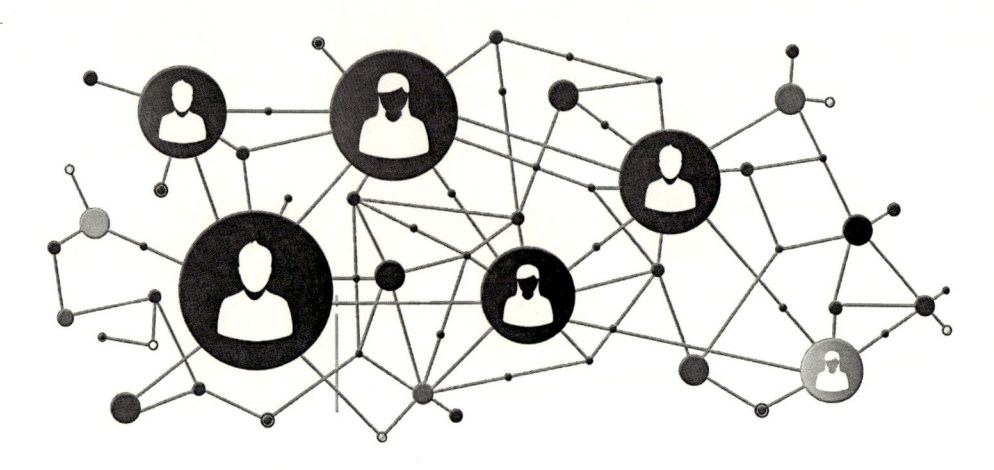

Referências Bibliográficas

8 dicas para se comunicar bem no ambiente profissional - Disponível em: http://exame.abril.com.br/carreira/noticias/8-dicas-para-se-comunicar-bem-no-ambiente-profissional

Saiba quando usar o seu "mas" – Disponível em: http://golfinho.com.br/artigo/saiba-quando-usar-o-seu-mas.htm

A imitação pode curar – Disponível em: http://www2.uol.com.br/vivermente/reportagens/a_imitacao_pode_curar.html

EKMAN, P. **A linguagem secreta das emoções.**

GUGLIELMI, A. **A linguagem secreta do corpo - A comunicação não verbal.**

GONÇALVES, A.S. **A PNL como ferramenta de desenvolvimento humano.** Salvador 2009. INCISA/IMAN - Instituto Superior de Ciências da Saúde. Curso de pós-graduação em Terapia Transpessoal.

DEMARAIS A.; WHITE, V. **A primeira impressão é a que fica.**

Administrando pessoas: Ian McDermott – Disponível em: http://golfinho.com.br/artigo/administrando-pessoas.htm

Ancoragem – Disponível em: http://golfinho.com.br/artigo/ancoragem.htm

Apostila do curso de PNL FGV - **Uso da linguagem para persuasão e comunicação eficaz.**

Apostila FGV - apresentação feita pela Jacqueline na aula de Fundamentos da PNL.

As barreiras da comunicação - CREATIVE – Disponível em: https://www.youtube.com/watch?v=DFcY7Wp_3b0

BANDLER, R.; GRINDER, J. **Atravessando.**

Cinco passos para saber como se comunicar bem - Carreiras, Dicas para Profissionais – Disponível em: http://www.rhlink.com.br/noticias/cinco-passos-para-saber-como-se-comunicar-bem/

DILTZ, R. **Como cambiar creencias con la PNL.**

Como construir rapport: Mark Oborn – Disponível em: http://golfinho.com.br/artigo/como-construir-um-rapport.htm

Como Falar em Público? Técnicas de Oratória – Disponível em: https://www.youtube.com/watch?v=G_CsArW2NFo

Como se comunicar bem no trabalho - Reinaldo Polito – Disponível em: http://www.alvinews.com.br/coluna/Jornalismo/Comunicacao_eficiente/Comunicacao_em_amb_profissional.htm

Como se comunicar com eficiência – Disponível em: http://pt.wikihow.com/Se-Comunicar-Com-Efici%C3%AAncia

Como se comunicar melhor – Disponível em: http://www.methodus.com.br/artigo/1035/como-se-comunicar-melhor.html

Como Tratar as Pessoas com Respeito – Disponível em: http://pt.wikihow.com/Tratar-as-Pessoas-Com-Respeito

Comunicação eficaz / Fundamentos da Administração – Disponível em: https://www.youtube.com/watch?v=fMJ2ylZ9kVc

DILTZ, R.; HALLBOM, T.; SMITH, S. Crenças - Caminhos para a saúde e o bem-estar.

ROBBINS, A. Desperte o gigante interior.

Dicas para uma boa comunicação – Disponível em: http://noticias.universia.com.br/destaque/noticia/2013/01/23/996983/dicas-uma-boa-comunicaco.html

Dicas Poderosas 5 - Comunicação Eficaz – Disponível em: https://www.youtube.com/watch?v=XQqiqHCLIrg

Dizendo "Não" versus a oferta de uma alternativa positiva – Disponível em: http://golfinho.com.br/artigo/dizendo-nao-versus-a-oferta-de-uma-alternativa-positiva.htm

Espelhamento da respiração para um rapport de PNL profundo: Jonathan Altfeld – Disponível em: http://golfinho.com.br/artigo/espelhamento-da-respiracao-para-um-rapport-de-pnl-profundo.htm

Foot in the door – Disponível em: https://dissonanciacognitiva.wordpress.com/?s=foot+in+the+door

Habilidades sutis para obter rapport com PNL: Vincent A. Sandoval e Susan H. Adams – Disponível em: http://golfinho.com.br/artigo/habilidades-sutis-para-obter-rapport-com-pnl.htm

Introdução à Programação Neurolinguística - Disponível em: http://golfinho.com.br/livro/introducao-a-programacao-neurolinguistica.htm

O'CONNOR, J.; SEYMOUR, J. **Introdução à programação neurolinguística, como entender e influenciar as pessoas.**

BANDLER, R.; GRINDER, J. **La estructura de la magia I.**

BANDLER, R.; GRINDER, J. **La estructura de la magia II.**

Linguagem Hipnótica – Disponível em: http://hipnoseparainiciantes2.blogspot.com.br/2014/09/linguagem-hipnotica-sao-sugestoes-que.html

Linguagem Hipnótica: Padrões Hipnóticos da Linguagem – Disponível em: http://bodylanguagebrazil.com/2015/02/linguagem-hipnotica/

PERCIA, A.; SITA, M. **Manual completo de PNL.**

Fazer o melhor na condição que você tem - Mário Sérgio Cortella – Disponível em: https://www.youtube.com/watch?v=YqswMZTujw8

Minas verbais explosivas: "mas" – Disponível em: http://golfinho.com.br/artigo/minas-verbais-explosivas-mas.htm

Neurônios-espelho. Uma grande descoberta científica – Disponível em: http://cpfg.blogspot.com.br/2012/05/neuronios-espelho-uma-grande-descoberta.html

WEIL, P.; TOMPAKOW, P. **O corpo fala, a linguagem silenciosa da comunicação não-verbal.**

AZEVEDO, R. M. **O discurso terapeuta de Milton Erickson: Uma análise à luz dos padrões da Programação Neurolinguística.**

O uso do "e" e "mas" – Disponível em: http://golfinho.com.br/artigo/o-uso-do-e-e-mas.htm

Os 5 conselhos de Oscar Schmidt para ter sucesso na carreira – Disponível em: http://exame.abril.com.br/carreira/noticias/os-5-conselhos-de-oscar-schmidt-para-ter-sucesso-na-carreira

Os Segredos da Linguagem Corporal 2008 Epis1 pt pt – Disponível em: https://www.youtube.com/watch?v=lZNgfh-2Dmw

Padrões de linguagem – Utilize a linguagem a seu favor – Disponível em: http://www.terapiasdamente.pt/blog/padroes_linguagem/

FAULKNER, C.; FAULKNER, A. **PNL - a nova Tecnologia do sucesso.**

ROBBINS, A. **Poder sem Limites.**

Porque evitar o "NÃO" e a linguagem negativa – Disponível em: http://golfinho.com.br/artigo/porque-evitar-o-nao-e-a-linguagem-negativa.htm

RAPPORT – O Ingrediente Mágico: James Lawley e Penny Tompkins - Disponível em: http://golfinho.com.br/artigo/rapport-o-ingrediente-magico.htm

Rapport - Roger Ellerton Ph.D. – Disponível em: http://golfinho.com.br/artigo/rapport.htm

BANDLER, R.; GRINDER, J. **Sapos em príncipes.**

Sete dicas para se comunicar melhor com sua equipe – Disponível em: http://www.trecsson.com.br/blog/sete-dicas-para-se-comunicar-melhor-com-sua-equipe/43

Significado de Comunicação – Disponível em: http://www.significados.com.br/comunicacao/

Sim, mas… Resolução de Conflito Íntimo – Disponível em: http://golfinho.com.br/artigo/sim-mas-resolucao-de-conflito-intimo.htm

Técnica de Persuasão #2: Door-in-the-face – Disponível em: https://dissonanciacognitiva.wordpress.com/2008/09/18/tecnica-de-persuasao-2-door-in-the-face

ALVERTON, L. **Uma Contribuição Para a Formação de Auditores Contábeis Independentes na Perspectiva Comportamental.** Florianópolis 2002. Universidade Federal de Santa Catarina. Programa de Pós-Graduação em Engenharia de Produção.

BANDLER, R. **Usando a mente, as coisas que você não sabe que não sabe.**

Use bem os seus "Mas"! – Disponível em: http://golfinho.com.br/artigo/use-bem-os-seus-mas.htm

Quer entrar em contato com os autores?

Marco Tulio Rodrigues Costa
mtrcosta@gmail.com

Alexandre Alves de Campos
alexandre.acampos@hotmail.com